探寻经典国学里的智慧源泉

容斋随笔

［南宋］洪迈／著　方瑾瑜／主编

团结出版社

图书在版编目（CIP）数据

容斋随笔 / (南宋) 洪迈著 ; 方瑾瑜主编. -- 北京:
团结出版社, 2017.10（2022.4重印）
ISBN 978-7-5126-5715-1

Ⅰ. ①容… Ⅱ. ①洪… ②方… Ⅲ. ①笔记—中国—
南宋—选集 Ⅳ. ①Z429.442

中国版本图书馆CIP数据核字(2017)第263596号

出　版：团结出版社
（北京市东城区东皇城根南街84号　邮编：100006）
电　话：（010）65228880　65244790（出版社）
（010）65238766　85113874　65133603（发行部）
（010）65133603（邮购）
网　址：http://www.tjpress.com
E-mail：zb65244790@163.com（出版社）
fx65133603@163.com（发行部邮购）
经　销：全国新华书店
印　刷：天津兴湘印务有限公司

开　本：670毫米×960毫米　16开
印　张：16
字　数：200千字
版　次：2017年10月　第1版
印　次：2022年4月　第2次印刷

书　号：978-7-5126-5715-1
定　价：58.00元

前　言

《容斋随笔》是宋代著名学者洪迈历时近四十年所著的一部笔记体著作，与沈括的《梦溪笔谈》、王应麟的《困学纪闻》并称为宋代三大最有学术价值的笔记，是我国古代笔记小说中不可多得的珍品。

洪迈(1123—1202)，字景庐，号容斋，南宋饶州鄱阳(今江西鄱阳)人。出生于官宦之家，自幼聪慧过人，学识渊博。绍兴十五年（1145）中博学鸿词科，起初为地方转运司属官，后累历馆职、郡守，官至翰林院学士。卒年八十，赐光禄大夫，谥“文敏”。其代表作为《容斋随笔》。

原书《容斋随笔》收录了随笔、续笔、三笔、四笔、五笔五个部分，故又名《容斋五笔》。原书共分五集，前四集每集十六卷，由于该书未成而作者逝世，故《五笔》仅十卷。作者于《容斋随笔》卷首开宗明义：“余老去习懒，读书不多，意之所之，随即纪录，因其先后，无复全次，故目之曰随笔。”由此可见，该书是一部典型的读书笔记。

《容斋随笔》的创作过程，正如明人李瀚所评：“洪迈聚天下之书而遍阅之，搜悉异闻，考核经史，捃拾典故，值言之最者必札之，遇事之奇者必摘之，虽诗词、文翰、历谶、卜医，钩纂不遗，从而评之。”

其内容繁复，议论精当，涉及领域极其广泛，自经史百家文风诗艺、经籍传注、典故沿革及科举礼仪、民俗风物、天文地理等方面，无所不包。而且其考订严谨细致，分析入情入理，其中对一些历史经验的总结颇有见地，许多资料在官方史志上没有记载，堪称同类著作中的经典之作。另外，作者对诗歌的评点也独具慧眼，后人曾汇集《容斋随笔》中有关诗论的部分，辑为《容斋诗话》。

《容斋随笔》一经问世，立即在朝野引起强烈反响，当时的“学士大夫争欲传袭”，其后的历代文人学者无不对其赞誉有加。《四库全书总目提要》更是评价说：“南宋说部当以此为首。”

《容斋随笔》不仅给人以启示，更为我们提供了极具价值的史料。本书删繁就简，择其精妙，并加以注释、通译，以便读者能更好地学习。由于编者水平有限，书中难免有疏漏，敬请广大读者指正。

目　录

容斋随笔

容斋续笔

容斋三笔

容斋四笔

容斋五笔

容斋随笔

卷 一

黄鲁直[1]诗

| 原文

徐陵[2]《鸳鸯赋》云："山鸡映水那相得，孤鸾照镜不成双。天下真成长会合，无胜比翼两鸳鸯。"黄鲁直《题画睡鸭》曰："山鸡照影空自爱，孤鸾舞镜不作双。天下真成长会合，两凫相倚睡秋江。"全用徐语点化之，末句尤精工。又有《黔南十绝》，尽取白乐天[3]语，其七篇全用之，其三篇颇有改易处。乐天《寄行简》诗，凡八韵，后四韵云："相去六千里，地绝天邈然。十书九不达，何以开忧颜！渴人多梦饮，饥人多梦餐。春来梦何处？合眼到东川。"鲁直剪为两首，其一云："相望六千里，天地隔江山。十书九不到，何用一开颜？"其二云："病人多梦医，囚人多梦赦。如何春来梦，合眼在乡社！"乐天《岁晚》诗七韵，首句云："霜降水返壑，风落木归山。冉冉岁将晏，物皆复本源。"鲁直改后两句七字，作"冉冉岁华晚，昆虫皆闭关"。

|| 注释

①黄鲁直：即黄庭坚，北宋著名诗人。字鲁直，号山谷道人，晚号涪翁，"苏门四学士"之一。其书法精妙，与苏轼、米芾、蔡襄并称"宋

四家”。

②徐陵：字孝穆，徐摛之子。南朝梁陈间诗人、文学家。与庾信齐名，并称“徐庾”，与北朝郭茂倩并称“乐府双璧”。

③白乐天：即白居易，字乐天，唐代著名诗人。

||| 译文

徐陵的《鸳鸯赋》中说：“山鸡映水那相得，孤鸾照镜不成双。天下真成长会合，无胜比翼两鸳鸯。”黄庭坚的《题画睡鸭》中说：“山鸡照影空自爱，孤鸾舞镜不作双。天下真成长会合，两凫相倚睡秋江。”全诗是从徐陵的诗中加以变化得来的，最后一句最为精妙工整。又有《黔南十绝》，均是白居易的词句，其中有七篇都一样，其余三篇有改动变化之处。白居易的《寄行简》，一共八韵，后面四韵说：“相去六千里，地绝天邈然。十书九不达，何以开忧颜！渴人多梦饮，饥人多梦餐。春来梦何处？合眼到东川。”黄庭坚把它分成两首，一首是：“相望六千里，天地隔江山。十书九不到，何用一开颜？”另一首是：“病人多梦医，囚人多梦赦。如何春来梦，合眼在乡社！”白居易的《岁晚》一共七韵，第一句写的是：“霜降水返壑，风落木归山。冉冉岁将晏，物皆复本源。”黄庭坚改了后两句中的七个字，作“冉冉岁华晚，昆虫皆闭关”。

敕勒歌

| 原文

鲁直《题阳关图》诗云：“想得阳关更西路，北风低草见牛羊。”又集中有《书韦深道诸帖》云：“斛律明月，胡儿也，不以文章显，老胡以重兵困敕勒①川，召明月作歌以排闷。仓卒之间，语奇壮如此，盖率意道事实耳。”予按古乐府有《敕勒歌》，以为齐高欢攻周玉壁而败，恚愤②疾发，使斛律金唱《敕勒》，欢自和之。其歌本鲜卑语，词曰：“敕勒川，阴山下。天似穹庐，笼罩四野。天苍苍，野茫茫，风吹草低见牛羊。”鲁直所题及诗中所用，盖此也，但误以斛律金为明月。明月名光，金之子也。欢败于玉壁，亦非困于敕勒川。

|| 注释

①敕勒：族名，我国古代北方的游牧民族。

②恚（huì）愤：愤怒。

||| 译文

黄庭坚在诗《题阳关图》中说：“想得阳关更西路，北风低草见牛羊。”此外他在合集《书韦深道诸帖》中说：“斛律明月，胡儿也，不以文章显，老胡以重兵困敕勒川，召明月作歌以排闷。仓卒之间，语奇壮如此，盖率意道事实耳。”我参考查阅了古乐府，其中有一篇《敕勒歌》，根据里面的记载，我认为是北齐高欢攻打北周玉壁时惨败，悲愤过度而生了病，叫来斛律金让他唱《敕勒》，高欢也亲自和乐。这首歌最初原本是用鲜卑语唱的，歌词是：“敕勒川，阴山下。天似穹庐，笼罩四野。天苍苍，野茫茫，风吹草低见牛羊。”黄庭坚所题写的及诗中所引用的典故，大概都出自这首歌，但误把斛律金当作斛律明月。斛律明月名光，是斛律金的儿子。高欢战败于玉壁，而不是被困在了敕勒川。

地险

| 原文

古今言地险者，以谓函秦宅关、河之胜，齐负海、岱，赵、魏据大河，晋表里河山，蜀有剑门、瞿唐之阻，楚国方城以为城，汉水以为池，吴长江万里，兼五湖之固，皆足以立国。唯宋、卫之郊，四通五达，无一险可恃。然东汉之末，袁绍跨有青、冀、幽、并四州，韩遂、马腾辈分据关中，刘璋擅蜀，刘表居荆州，吕布盗徐，袁术包南阳、寿春，孙策取江东，天下形胜尽矣。曹操晚得兖州，倔强其间，终之夷群雄，覆汉祚[①]。议者尚以为操挟天子以自重，故能成功。

而唐僖、昭之时，方镇擅地，王氏有赵百年，罗洪信在魏，刘仁恭在燕，李克用在河东，王重荣在蒲，朱宣、朱瑾在兖、郓，时溥在徐，王敬武在淄、青，杨行密在淮南，王建在蜀，天子都长安，凤翔、邠、华三镇鼎立为梗，李茂贞、韩建皆尝劫迁乘舆。而朱温区区以汴、宋、亳[②]、颍巃然中居，及其得志，乃与操等。以在德不在险为言，则操、温之德又可见矣。

|| 注释

①祚（zuò）：皇位。

②亳：安徽亳州。

||| 译文

古今说到地势险要的，大多认为秦国凭借函谷关、黄河的有利地形，齐国依靠大海、泰山的险要地形，赵国、魏国依据大河，晋国外有大河而内有高山，蜀地有剑门关、瞿塘峡作为屏障阻碍，楚国把方城山作为城墙、汉水作为护城河，吴国则凭借万里长江和五湖的险要，都足够建立自己的国家。唯独宋国和卫国的周围，四通八达，没有一处天险可以凭借。然而东汉末年，袁绍跨越四地占据了青州、冀州、幽州、并州四个州，韩遂、马腾等人分别占据了关中，刘璋占据了蜀地，刘表据守荆州，吕布窃取徐州，袁术拥有南阳和寿春，孙策攻取江东，天下有险可据的险要地势都被瓜分殆尽。而曹操最后才得到兖州，从这里崛起强盛起来，最后消灭了群雄，颠覆了汉室。讨论这件事的人认为曹操挟持皇帝借此提高自己的地位，所以才会取得成功。

然而唐僖宗、唐昭宗时期，藩镇割据，王氏占据赵地一百多年，罗洪信占据魏地，刘仁恭占据燕地，李克用占据河东，王重荣占据蒲州，朱宣、朱瑾占据兖州、郓州，时溥占据徐州，王敬武占据淄州、青州，杨行密占据淮南，王建占据蜀地，皇帝建都长安城，凤翔、邠州、华州三足鼎立，不听从中央号令，李茂贞和韩建都挟持过皇帝。然而朱温凭借区区汴州、宋州、亳州、颍州几个地方在危险中求得一席之地，然后慢慢壮大，最后竟能取得与曹操一样的雄伟功业，统治整个中原。所以就历史的兴衰而言，大多在于德行而不在于险要的地理位置，由此曹操和朱温的德行就可见一斑了。

卷　二

长歌之哀

| 原文

嬉笑之怒，甚于裂眦[①]，长歌[②]之哀，过于恸哭。此语诚然。元微之在江陵，病中闻白乐天左降[③]江州，作绝句云："残灯无焰影憧憧，此夕闻君谪九江[④]。垂死病中惊起坐，暗风吹雨入寒窗。"乐天以为："此句他人尚不可闻，况仆心哉！"微之集作"垂死病中仍怅望"，此三字既不佳，又不题为病中作，失其意矣。东坡守彭城[⑤]，子由[⑥]来访之，留百余日而去，作二小诗曰："逍遥堂后千寻木，长送中宵风雨声。误喜对床寻旧约，不知漂泊在彭城。""秋来东阁凉如水，客去山公醉似泥。困卧北窗呼不醒，风吹松竹雨凄凄。"东坡以为读之殆不可为怀，乃和其诗以自解。至今观之，尚能使人凄然也。

|| 注释

①裂眦（zì）：也写作"裂眥"，意思是说因发怒而睁大眼睛到眼眶欲裂的程度，形容极其愤怒。也说"目眦尽裂"。

②长歌：篇幅很长的诗歌或拖长声音歌唱。

③左降：贬官。多指由京城贬到地方。

④九江：即江州，在今江西九江。

⑤彭城：今江苏徐州。

⑥子由：即苏辙，字子由。苏轼之弟，"唐宋八大家"之一。

||| 译文

带着嬉笑的愤怒，超过吹胡子瞪眼的愤怒；通过悠长的歌声表达的悲伤，超过号啕大哭的痛苦。这句话描述得很正确。元微之在江陵时，病中听闻白居易被贬到江州，作了一首绝句：“残灯无焰影幢幢，此夕闻君谪九江。垂死病中惊起坐，暗风吹雨入寒窗。”白居易认为：“这句诗别人尚且不愿意听到，更何况是我自己呢！”元微之集中作“垂死病中仍怅望”，“仍怅望”这三个字用得既不好，又不能说明是在生病时所作，因而失去了原有的意思。苏东坡做彭城太守时，弟弟苏辙来看他，居住了一百多天才离开，走时作了两首诗说：“逍遥堂后千寻木，长送中宵风雨声。误喜对床寻旧约，不知漂泊在彭城。”“秋来东阁凉如水，客去山公醉似泥。困卧北窗呼不醒，风吹松竹雨凄凄。”苏东坡认为读了这两首诗后实在难以忍受，便和了两首诗来宽慰自己。如今读起来，仍然使人感到悲凉凄惨。

周亚夫

| 原文

周亚夫[①]距[②]吴、楚，坚壁不出。军中夜惊，内相攻击扰乱，至于帐下[③]。亚夫坚卧不起。顷之[④]，复定[⑤]。吴奔壁东南陬[⑥]，亚夫使备西北。已而果奔西北，不得入。《汉史》书之，以为亚夫能持重。按，亚夫军细柳时，天子先驱至，不得入。文帝称其不可得而犯。今乃有军中夜惊相攻之事，安在其能持重乎？

|| 注释

①周亚夫：西汉名将。

②距：通“拒”，抗拒，抵抗。

③至于帐下：一直闹到（周亚夫）军帐前。

④顷之：过了一会儿。

⑤复定：又渐渐安静下来。

⑥吴奔壁东南陬（zōu）：吴军向东南角的营垒进攻。陬，隅，角落。

||| 译文

周亚夫抗拒吴、楚叛军，坚守营垒，拒不出战。军队夜间受惊，发生骚乱，互相攻击，一直闹到周亚夫帐下。周亚夫躺着一动不动。过了一会儿，又安静下来。吴军攻打营垒的东南角，周亚夫命令防备西北。一会儿吴军果然来攻西北，攻不进来。《汉书》记载此事，认为周亚夫用兵持重。按，周亚夫驻军在细柳（今陕西咸阳西南）时，皇帝骑马率先到达，进不了军营。汉文帝称赞他不能够侵犯。现在有军队夜间受惊互相攻击的事件，怎么能说用兵持重呢？

秦用他国人

| 原文

七国虎争天下[①]，莫不招致四方游士[②]。然六国所用相，皆其宗族及国人，如齐之田忌、田婴、田文[③]，韩之公仲、公叔[④]，赵之奉阳、平原君[⑤]，魏王至以太子为相。独秦不然，其始与之谋国以开霸业者，魏人公孙鞅[⑥]也。其它若楼缓赵人，张仪[⑦]、魏冉、范睢皆魏人，蔡泽[⑧]燕人，吕不韦韩人，李斯楚人。皆委国而听之不疑，卒之所以兼天下者，诸人之力也。燕昭王任郭隗、剧辛、乐毅，几灭强齐，辛、毅皆赵人也。楚悼王任吴起为相，诸侯患楚之强，盖卫人也。

|| 注释

①七国虎争天下：战国时期，秦、楚、燕、韩、赵、魏、齐七雄并立，争夺天下，最终，秦灭六国，统一天下。

②四方游士：四方游说之士。战国时期的谋臣策士比较多，读书人学习纵横之术，游历四方，希望出人头地。

③田忌、田婴、田文：田忌，战国时期齐国名将，名忌，字期。曾与田婴等大将助韩、赵两国讨伐魏国，并于马陵道杀掉魏国大将庞涓。田婴，田文的父亲，齐国丞相。田文，即孟尝君，战国时齐国贵族，“战国四公子”之一，以“好客养士”而闻名天下。

④公仲、公叔：均为战国时韩国贵族。

⑤奉阳、平原君：奉阳君，战国时赵国贵族。平原君，即赵胜，“战国四公子”之一，赵国贵族，赵武灵王之子，惠文王之弟。曾三次任赵相，为人谦和贤明，据传门下食客至数千人。

⑥公孙鞅：即商鞅，卫国国君的后裔，故称为卫鞅，亦称公孙鞅，封于商，后人又称其商鞅。战国时期政治家、思想家。

⑦张仪：魏国贵族后裔，战国时著名纵横家、外交家和谋略家。

⑧蔡泽：战国时燕国纲成（今河北怀安）人，善辩多智。

||| 译文

七国争夺天下，没有不广泛搜罗四方游说之士的。然而六国所任用的相国，均为他们的宗族之人和本国人，比如齐国的田忌、田婴、田文，韩国的公仲、公叔，赵国的奉阳君、平原君，魏王甚至将太子任为相国。唯独秦国不是这样的，最初和秦国商讨大计、削平其他国家以开创霸业的是魏国人公孙鞅。其他比如楼缓是赵国人，张仪、魏冉、范雎均为魏国人，蔡泽是燕国人，吕不韦是韩国人，李斯是楚国人。秦王把国家大事全部托付给他们而丝毫不怀疑，所以最终能统一天下，这都是依靠上述这些人的力量。燕昭王任用郭隗、剧辛、乐毅，几乎灭掉了强大的齐国，剧辛、乐毅皆为赵国人。楚悼王任用吴起为相，诸侯都害怕楚国会强盛起来，而吴起却是卫国人。

卷　三

进士试题

| 原文

唐穆宗长庆元年，礼部侍郎钱徽知举[①]，放[②]进士郑朗等三十三人，后以[③]段文昌言其不公，诏中书舍人王起、知制诰白居易重试，驳放[④]卢公亮等十人，贬徽江州刺史。白公集有奏状论此事，大略云："伏料自欲重试进士以来论奏者甚众。盖以礼部试进士，例许用书策，兼得通宵，得通宵则思虑必周，用书册则文字不错。昨重试之日，书策不容一字，木烛只许两条[⑤]，迫促惊忙，幸皆成就，若比礼部所试事校[⑥]不同。"及驳放公亮等敕文，以为《孤竹管赋》出于《周礼》正经，阅其程试之文，多是不知本末。乃知唐试进士许挟书及见烛如此。国朝[⑦]淳化三年，太宗试进士，出《卮言日出赋》题，孙何等不知所出，相率[⑧]扣殿槛乞上指示之，上为陈大义。景德二年，御试《天道犹张弓赋》。后礼部贡院言，近年进士惟钞略[⑨]古今文赋，怀挟入试，昨者御试以正经命题，多懵所出[⑩]，则知题目不示以出处也。大中祥符元年，试礼部进士，内出《清明象天赋》等题，仍录题解，摹印以示之。至景祐元年，始诏御药院，御试日进士题目，具经史所出，摹印给之，更不许上请。

|| 注释

①知举：即"知贡举"，唐宋时特派主持进士考试的大臣。至清代会试的知贡举都由一二品大臣担任，满、汉各一人，只负责事务性事宜，不负责阅卷取士，与乡试之监临官性质相同。此处指担任科举考试的主考官。

②放：选中，入选。

③以：因为。

④驳放：将入选的人员驳回。

⑤木烛只许两条：只允许燃两条木烛，意思是只给两条烛火的时间。

⑥校：比较。

⑦国朝：本朝。

⑧相率：相继，一个接一个。

⑨钞略：抄录。

⑩多懵所出：大多茫然不知出处。

译文

唐穆宗长庆元年，礼部侍郎钱徽任主考官，选中进士郑朗等三十三人，后因段文昌说他不公，皇帝又诏中书舍人王起、知制诰白居易重新考试，驳下卢公亮等十人，贬钱徽为江州刺史。白乐天集有奏状评论这件事，大略说：“自从朝廷要重新考试进士以来，上书评论的人很多。旧例，礼部考试进士，允许查看书籍，还准许达到通宵。达到通宵，考虑问题就一定周到，使用书籍写出文字就不出差错。昨天重新考试，不许查看书籍，时间也只给两条木烛，迫促惊慌，勉强完成，和礼部的考试相比，事情有很大的不同。”说到驳下卢公亮等的敕文，以为《孤竹管赋》出自《周礼》正经上，读他们的考试文章，大多不知道它的来龙去脉。从此才知道唐朝考试进士，允许带书和燃烛。本朝太宗淳化三年，太宗考试进士，出《卮言日出赋》试题，孙何等不知道出自何处，考生都到殿上求皇上指示，皇上告诉了他们大意。真宗景德二年，皇帝考试《天道犹张弓赋》。后来礼部考试院上书，说近来进士只抄取古今的文章诗赋，昨天御试，出正经上题目，大多茫然不知道出处。从此可知试题是不告诉出处的。真宗大中祥符元年，考试礼部进士，由宫中出《清明象天赋》等题目，仍旧钞录解题，摹写刻印好让考生看。仁宗景祐元年，才令御药院，今后御试进士的题目都从经史所出，摹写刻印好交给士子，不许再问皇上。

四海一也

Ⅰ原文

海一而已，地之势西北高而东南下，所谓东、北、南三海，其实一也。北至于青、沧[1]，则云北海，南至于交、广，则云南海，东渐[2]吴、越，则云东海，无由有[3]所谓西海者。《诗》《书》《礼》经所载四海，盖引类而言之。《汉·西域传》所云蒲昌海，疑亦渟居一泽尔。班超遣甘英往条支[4]，临大海，盖即南海之西云。

Ⅱ注释

①青、沧：即青州、沧州。

②渐：范围波及。

③无由有：没有。

④条支：亦作“条枝”，古西域国名。

Ⅲ译文

大海只有一个，地势西北高、东南低，所说的东海、北海、南海三个海，其实是一个海。北边到青州、沧州，就叫北海，南边到交州、广州，就叫南海，东到吴、越，就叫东海，没有所说的西海。《诗》《书》《礼》等经书记载的四海，乃是援引类似的事物说的。《汉书·西域传》所记的蒲昌海，我怀疑它只是积存的一个大湖罢了。班超派甘英出使条支，遇到大海，大概就是南海的西面。

李太白

Ⅰ原文

世俗多言李太白在当涂采石，因醉泛舟于江，见月影俯而取之，遂溺死，故其地有捉月台[1]。予案李阳冰作太白《草堂集序》云：“阳冰试弦歌于当涂，公疾亟，草藁万卷，手集未修，枕上授简，俾为序。”

又李华作太白墓志，亦云："赋《临终歌》而卒。"乃知俗传良不足信，盖与谓杜子美因食白酒牛炙而死者同也。

‖注释

①捉月台：又称联璧台。在今安徽马鞍山采石矶的陡峭绝壁间，翘首展翅，突兀江干，势态险峻，十分壮观。传说李白醉酒后即从此台跳江捉月，故名。

‖译文

世俗多传说李太白在当涂的采石酒醉后行船于长江之上，因见到水中月亮的影子，便俯身去捞，结果失足落水而死，所以采石今筑有捉月台。我考察李阳冰为李白所作的《草堂集序》中说："我任当涂县令期间，李白病重，有很多卷草稿，还没有修订，他在病床上把草稿交给我，嘱咐我为之作序。"另外李华所作的太白墓志也说："太白作《临终歌》而死。"由此可知社会上所传的实在不可信，这大概和说杜甫因吃了白酒、牛肉块饱胀而死，是一样的无稽之谈。

太白雪谗

|原文

李太白以布衣入翰林[①]，既而不得官。《唐史》言高力士以脱靴为耻，摘其诗以激杨贵妃，为妃所沮止[②]。今集中有《雪谗诗》一章，大率[③]载妇人淫乱败国，其略云："彼妇人之猖狂，不如鹊之强强。彼妇人之淫昏，不如鹑之奔奔[④]。坦荡君子，无悦簧言。"又云："妲己[⑤]灭纣，褒女[⑥]惑周。汉祖吕氏，食其在傍。秦皇太后，毐亦淫荒[⑦]。蝃蝀作昏，遂掩太阳。万乘尚尔，匹夫[⑧]何伤。词殚意穷，心切理直。如或妄谈，昊天是殛。"予味此诗，岂非贵妃与禄山淫乱，而白曾发其奸乎？不然，则"飞燕在昭阳"之句，何足深怨也？

注释

①翰林：指翰林院，内廷掌管供奉的官署。

②“《唐史》”三句：见《新唐书·文艺列传》：“故白亦至长安。往见贺知章，知章见其文，叹曰：‘子，谪仙人也！’言于玄宗，召见金銮殿，论当世事，奏颂一篇。帝赐食，亲为调羹，有诏供奉翰林，白犹与饮徒醉于市。帝坐沈香亭子，意有所感，欲得白为乐章；召入，而白已醉，左右以水面，稍解，援笔成文，婉丽精切无留思。帝爱其才，数宴见。白尝侍帝，醉，使高力士脱靴。力士素贵，耻之，摘其诗以激杨贵妃，帝欲官白，妃辄沮止。”沮止，通“阻止”。

③大率：大概，大致。

④“彼妇人”四句：指鹊、鹑都是雄雌相随，不离不弃，每只鸟都有固定的配偶，而淫乱的妇人却连鸟都不如。《诗经》中，此诗用来讽刺淫乱者都落到败家亡国的下场。李白《雪谗诗》也用其意。

⑤妲己：商纣王的爱妃，世人认为她妖娆妩媚，迷惑纣王，使商朝灭亡。武王伐纣时，妲己被杀。

⑥褒女：即褒姒，也是红颜祸水的典型，为褒国美女，深受周幽王宠幸。褒姒生来沉默寡言，不苟言笑。周幽王为了取悦她，甚至点燃烽火台上的烽火，反复戏弄诸侯。褒姒看见来往兵士乱作一团，展颜开怀。后申侯、犬戎入侵，周幽王命人点燃烽火求救，但诸侯因被戏弄多次，不再相信。周朝于是被攻破。

⑦“秦皇太后”两句：秦皇太后行为不检，与宠臣嫪毐有染，并生下二子。始皇知道后暴怒，后借机斩杀嫪毐，并杀掉自己的两个异父兄弟。

⑧万乘、匹夫：万乘，这里代指帝王。匹夫，指百姓。

译文

李太白以平民的身份进入翰林院，没有得到官职。《唐史》说高力士以给李白脱靴为耻辱，便摘取李白的诗句激怒杨贵妃，杨贵妃于是阻碍了李白的前途。现在太白集中有一首《雪谗诗》，大概讲妇人淫乱败坏国政，大略说："那妇人太猖狂，还不如喜鹊双飞翔。那妇人太淫滥，还不如鹌鹑相随伴。胸怀坦荡的君子啊，不要听从悦耳的细语。"又说："妲己灭了殷纣，褒姒乱了西周。汉高祖吕后与郦食其同床。秦皇太后与嫪毐情长。虹霓弄昏暗，遮蔽太阳光。皇帝还如此，百姓又何妨。词说完，意说尽，心情迫切道理直。如果有假话，皇天来处死。"我体味此诗，莫非杨贵妃与安禄山私通，李白曾揭发过他们的丑事？不然，"飞燕在昭阳"的句子，值得这么怨恨吗？

卷　四

张浮休书

| 原文

张芸叟与石司理书云："顷游京师，求谒先达之门，每听欧阳文忠公、司马温公、王荆公之论，于行义文史为多，唯欧阳公多谈吏事。既久之，不免有请：'大凡学者之见先生，莫不以道德文章为欲闻者，今先生多教人以吏事，所未谕也。'公曰：'不然。吾子皆时才，异日临事，当自知之。大抵文学止于润身，政事可以及物。吾昔贬官夷陵，方壮年[①]，未厌学，欲求《史》《汉》一观，公私无有也。无以遣日，因取架阁陈年公案，反覆观之，见其枉直乖错，不可胜数，以无为有，以枉为直，违法徇情，灭亲害义，无所不有。且夷陵荒远褊小，尚如此，天下固可知也。当时仰天誓心，曰："自尔遇事，不敢忽也。"'是时苏明允父子亦在焉，尝闻此语。"又有答孙子发书，多论《资治通鉴》，其略云：温公尝曰："吾作此书，唯王胜之尝阅之终篇，自余君子求乞[②]欲观，读未终纸，已欠伸思睡矣。书十九年方成，中间受了人多少语言陵藉。"云云。此两事，士大夫罕言之，《浮休集》百卷，无此二篇，今豫章所刊者，附之集后。

|| 注释

①壮年：年轻时。

②求乞：乞求。

||| 译文

张芸叟与石司理的书信说："最近游历京师，请求拜访前辈官员，常拜读文忠公欧阳修、温国公司马光、荆国公王安石等先生的作品，大致以道德方面文章为多，只有欧阳公多讲为官的事情。时间久了不免有疑惑需向他请教：‘大凡读书人来求见先生，都是想听道德文章的，现在先生教人最多的是做官的道理，我不明白这是为什么。’欧阳公说：‘不是这样的。你们为当今杰出的人才，以后必定为官理政，自然应了解这方面的知识。大致文学只能使自己光彩，政事才可以影响事物。我曾贬官到夷陵，那时正在壮年，向往学习，想找来《史》《汉》阅读，但公家私人都没有。无法打发日子，于是就去取架上的陈年公案卷宗，反复阅读，发现里边的冤假错案，数不胜数，把理屈的判为理直的，以黑为白，以真为假，徇私枉法，灭亲害义，无所不为。而且夷陵不过是个荒僻的小县，尚且这样，整个国家的情况也就可想而知了。我当时仰天在心里发誓：“从此以后我处理政事，绝不敢疏忽大意。”’当时苏明允（洵）父子也在场，都听到了这话。”还有答孙子发的信，多谈论《资治通鉴》，大略说：司马光先生曾说：“我编写的《资治通鉴》，只有王胜之一人读完过，其余众人，找此书也看，还没有读完，就打哈欠、伸懒腰昏昏欲睡了。此书经过十九年才写成，中间受到多少人的语言糟蹋。”这两件事，士大夫很少谈及，《浮休集》百卷，没有这两篇，现在豫章所刊刻的《浮休集》把它们附在后面。

马融皇甫规

原文

汉顺帝时，西羌[①]叛，遣征西将军马贤将十万人讨之。武都太守马融上疏曰：“贤处处留滞，必有溃叛之变。臣愿请贤所不用关东兵五千，裁假部队之号，尽力率厉，三旬之中，必克破之。”不从。贤果与羌战败，父子皆没，羌遂寇三辅，烧园陵。诏武都太守赵冲督河西四郡兵追击。安定上计掾皇甫规上疏曰：“臣比年以来，数陈便宜。羌戎未动，策其将反；马贤始出，知其必败。愿假臣屯列坐食之兵五千，出其不意，与冲共相首尾。土地山谷，臣所晓习，可不烦方寸之印、尺帛之赐，可以涤患。”帝不能用。赵冲击羌不利，羌寇充斥，凉部震恐，冲战死，累年然后定。案，马融、皇甫规之言晓然易见，而所请兵皆不过五千，然讫不肯从，乃知宣帝纳用赵充国之册为不易得，所谓明主可为忠言也。

|| 注释

①西羌：汉朝时，西边湟水一带聚居的羌族人，为西羌。

||| 译文

汉顺帝时，西羌反叛，朝廷派征西将军马贤率领十万大军征讨。当时的武都太守马融上书说：“马贤处处留滞，行动迟缓，军队日后必定会发生战败叛乱之事。我愿率领马贤所不用的五千名关东兵，给我一个军队番号，我将以身作则尽力鼓励他们，一个月以内，必定能击溃敌军。”朝廷不接受他的意见。后来马贤果然被羌人打败，父子均战死。西羌趁势骚扰关中地区，焚烧汉帝陵园。汉顺帝下诏命武都太守赵冲率领河西四郡兵马追击。安定上计掾皇甫规上疏说：“我近年来，屡次上书谈边疆事宜。西羌还没有兴兵，我就估计到他们要反叛；马贤刚刚出兵，我就知道他必定失败。请朝廷给我屯守坐食之兵五千人，出其不意，与赵冲前后夹击。我熟悉这一带的山川地势，不必赐给我印绶和布帛就可以清除边患。”顺帝不听。赵冲果然失利，羌人大规模集结，西凉受到震动，赵冲战死后，经过几年西羌才被平定。我认为马融、皇甫规的意见显而易见是正确的，他们要的兵都不超过五千，然而汉顺帝却始终不肯答应，由此可知，汉宣帝能完全采用赵充国的计策实属难能可贵，这就是所谓的只有对英明的皇帝才能进献忠言啊！

牛　米

| 原文

燕慕容皝以牛假[①]贫民，使佃[②]苑中，税其什之八[③]；自有牛者，税其七。参军封裕谏[④]，以为魏、晋之世，假官田牛者不过税其什六，自有牛者中分之，不取其七八也。予观今吾乡之俗，募人耕田，十取其五，而用主牛者，取其六，谓之牛米，盖晋法也。

|| 注释

①假：借给。

②佃：租种。

③税其什之八：以他们收入的十分之八作为租税。

④谏：进谏劝阻。

||| 译文

燕国慕容皝把牛借给贫苦的农民，让他们租种苑囿中的土地，收十分之八的高租；自己有牛的，就收十分之七。参军封裕劝阻他，认为魏、晋时，租种官田和使用官牛的，收租不过十分之六，自己有牛的，双方各取一半，不会收十分之七八。现在我们乡的风俗，用佃户耕田，收租十分之五，使用主家耕牛的，收租十分之六，名为“牛米”，这乃是晋朝的制度。

卷　五

晋之亡与秦隋异

| 原文

自尧、舜及今，天下裂而复合者四：周之末为七战国，秦合之；汉之末分为三国，晋合之；晋之乱分为十余国，争战三百年，隋合之；唐之后又分为八九国，本朝合之。然秦始皇一传而为胡亥，晋武帝一传而为惠帝，隋文帝一传而为炀帝，皆破亡其社稷。独本朝九传百七十年，乃不幸有靖康之祸[①]，盖三代以下治安所无也。秦、晋、隋皆相似，然秦、隋一亡即扫地，晋之东虽曰“牛继马后”，终为守司马氏之祀，亦百有余年。盖秦、隋毒流四海，天实诛之，晋之八王擅兵，孽后盗政，皆本于惠帝昏蒙，非得罪于民，故其亡也，与秦、隋独异。

|| 注释

①靖康之祸：金军大肆搜掠后，立张邦昌为楚帝，驱掳徽、钦二帝和宗室、后妃等数千人，携文籍舆图、宝器法物等北返，北宋亡。史称“靖康之变”或“靖康之难”“靖康之祸”“靖康之耻”。又因靖康元年为丙午年，亦称此事件为“丙午之耻”。

||| 译文

从尧、舜至今，天下分裂而后又统一了四次：周朝末年为战国七雄，秦朝统一；汉朝末年为魏、蜀、吴三国鼎立，晋朝统一；晋朝乱而分裂为十几个小国，战争持续三百年，隋朝统一；唐朝之后又分裂为八九个小国，本（宋）朝统一。然而秦始皇传一世而为胡亥，晋武帝传一世而为晋惠帝，隋文帝传一世而为隋炀帝，都葬送了自己的大好江山。唯独本朝传九世一百七十年，才不幸遭遇靖康之祸，大概三代以来没有如本朝这样和平安定的。秦朝、晋朝、隋朝都有相似之处，然而秦、隋一旦灭亡即彻底消失无迹了，东晋虽然被称为“牛继马后”，但毕竟仍然保持了司马氏的江山，也享国百余年。大概秦朝、隋朝流毒四海，罪恶极大，上天诛之，晋朝的八王之乱，“孽后”贾南风专权乱国，都是因为晋惠帝昏庸无能所致，并不是得罪百姓，所以它的灭亡和秦朝、隋朝的灭亡不同。

韩信周瑜

| 原文

世言韩信伐赵，赵广武君请以奇兵塞井陉口，绝其粮道，成安君不听。信使间人窥知其不用广武君策，还报，则大喜，乃敢引兵遂下，遂胜赵。使广武计行，信且成禽，信盖自言之矣。周瑜拒曹公于赤壁，部将黄盖献火攻之策，会东南风急，悉[①]烧操船，军遂败。使天无大风，黄盖不进计，则瑜未必胜。是二说者，皆不善观人者也。夫以韩信敌陈余，犹以猛虎当羊豕尔。信与汉王语，请北举燕、赵，正使井陉不得进，必有它奇策矣。其与广武君言曰：“向使成安君听子计，仆亦禽矣。”盖谦以求言之词也。方孙权问计于周瑜，瑜已言操冒行四患，将军禽之宜在今日。刘备见瑜，恨其兵少。瑜曰：“此自足用，豫州但观瑜破之。”正使无火攻之说，其必有以制胜矣。不然，何以为信、瑜？

|| 注释

①悉：全部。

||| 译文

世人都说韩信攻打赵国时，赵国的广武君李左车请求用一支奇兵堵塞井陉口防守，以断绝韩信军队的粮道，成安君陈余没有采纳他的意见。韩信所派遣的间谍暗中探知陈余没有采纳广武君李左车的计策，回来报告，韩信大喜，马上率军前进，随即战胜了赵国。假使广武君李左车的计策得以采纳，韩信就要战败被擒，这大概是韩信自己说过的话。周瑜和曹操在赤壁对阵，部将黄盖献火攻之策，巧遇强劲的东南风，这才烧毁曹操的所有战船，使曹军大败。如果没起大风，黄盖没有献火攻之计，那么周瑜未必能取胜。这两种说法都是不善于观察人的结果。因为，用韩信对付陈余，就如同用猛虎对付羊猪一样。韩信对汉王刘邦说，请求向北攻下燕国、赵国，假使井径口不能通过，他必定会想出其他锦囊妙计。韩信对广武君李左车说:“假若成安君采纳您的计谋，我就要战败被擒了。”这大概是韩信谦虚以求李左车畅所欲言的说法。当孙权向周瑜询问破操之计时，周瑜已经陈说了曹操贸然进军的四种弊病，并说将军擒之应该在今日。刘备见周瑜，嫌周瑜带的军队人少。周瑜说：“这些军队已足够，您就看我周瑜怎么大破曹军吧！”就算没有火攻之策，周瑜也必定会有其他克敌制胜的办法。如果不是这样，那么他们还是韩信、周瑜吗？

汉武赏功明白

| 原文

卫青为大将军，霍去病始为校尉[①]，以功封侯，青失两将军，亡翕侯，功不多，不益封。其后各以五万骑深入，去病益封五千八百户，裨校封侯益邑者六人，而青不得益封，吏卒无封者。武帝赏功，必视法如何，不以贵贱为高下，其明白如此。后世处此，必曰青久为上将，俱出塞致命，正不厚赏，亦当有以尉其心，不然，它日无以使人，盖失之矣。

|| 注释

①校尉：官名。校，军事编制单位。尉，军官。校尉为部队长之意。

||| 译文

卫青当大将军时，霍去病才为校尉，因功被封侯，卫青进攻匈奴时，丧失了两位将军，翕侯阵亡，因战功不多，所以没有增加封赏。其后，二人各率领五万骑兵深入匈奴腹地，结果霍去病增封五千八百户，所属偏将、校尉被封食邑的共六人，而卫青没有得到增封，手下的吏卒也没有得到封赏。汉武帝论功行赏，定然依法行事，不以贵贱论高下，竟如此公正无私。后世对待这些事情，必定说卫青长期任上将，每次都率兵出塞作战卖命，即使没有封赏，也应当有所表示以安慰将士之心，如果不这样做，他日就无法驱使将士，这种看法是不正确的。

卷 六

魏相萧望之

| 原文

赵广汉之死由魏相，韩延寿之死由萧望之。魏、萧贤公卿也，忍以其私陷二材臣于死地乎？

杨恽坐语言怨望，而廷尉当以为大逆不道。以其时考之，乃于定国也。史称定国为廷尉，民自以不冤，岂其然乎？宣帝治尚严，而三人者又从而辅翼[1]之，为可恨也！

|| 注释

①辅翼：辅佐。

||| 译文

赵广汉的死与魏相韩延寿的死也与萧望之有关。魏相、萧望之都是非常贤明的公卿大臣，怎么会因私怨把两位有才能的贤臣置于死地呢？

司马迁的外孙平通侯杨恽也是一位为朝廷立过大功的大臣，只是因为被贬为庶人后，在给友人的信中说了几句牢骚话，就被执掌刑狱的廷尉判为大逆不道，处以斩刑。按照时间来考察，这个廷尉正是于定国。史书中说于定国为廷尉，百姓们有罪自认为不会受到冤屈，果真如此吗？汉宣帝崇尚严刑治国，而魏相、萧望之、于定国三人又顺承他的旨意推波助澜，这真是天大的遗憾。

狐突言词有味

| 原文

晋侯使太子申生伐东山皋落氏，以十二月出师，衣之偏衣，佩之金玦。《左氏》[①]载狐突所叹八十余言，而词义五转。其一曰："时，事之征也。衣，身之章也。佩，衷之旗也。"其二曰："敬其事，则命以始。服其身，则衣之纯。用其衷，则佩之度。"其三曰："今命以时卒，閟其事也。衣之尨服，远其躬也。佩以金玦，弃其衷也。"其四曰："服以远之，时以閟之。"其五曰："尨凉，冬杀，金寒，玦离。"其宛转有味，皆可咀嚼。《国语》亦多此体，有至六七转，然大抵缓而不切。

|| 注释

①《左氏》：即《左传》。

||| 译文

晋献公十七年（公元前660年），献公让太子申生去讨伐东山皋落氏，并命他十二月出兵，穿上左右颜色不同的衣服，佩戴镶金的玉佩。《左传》记载了狐突说的八十多个字的一段话，内容竟包含五个层次的转折。第一层说："时间是事情的征兆。衣服是身体的花纹。佩饰是内心的旗帜。"第二层说："假如真的郑重其事，就要命他在一年的开头行动。要想让他驯服，就应当让他穿纯色的衣服。要想让他内心忠诚，就应当让他佩戴合乎礼度的饰物。"第三层说："现在让他在年末出征，是想让他的事业不顺利。让他穿杂色的衣服，是想表明与他非常疏远。让他佩戴镀金的玉佩，就是要抛弃他内心的忠诚。"第四层说："让他穿混杂的服色说明要疏远他，让他出师的时间表明要让他不顺利。"第五层说："杂色意味着凄凉，冬天意味着肃杀，金属意味着寒气，玉佩意味着火一般的燥热。"语言婉转有味，极其耐人咀嚼。《国语》中也有大量的这种文字，有的转折竟达到六七层之多，但是大多数语气舒缓、结构松散，而且不太切紧主题。

卷 七

孟子书百里奚[1]

| 原文

柳子厚[2]《复杜温夫书》云："生用助字，不当律令，所谓乎、欤、耶、哉、夫、也者，疑辞也。矣、耳、焉、也者，决辞也。今生则一[3]之，宜考前闻人所使用，与吾言类且异，精思之则益也。"予读《孟子》百里奚一章曰："曾不知以食牛干秦穆公之为污也，可谓智乎？不可谏而不谏，可谓不智乎？知虞公之将亡而先去之，不可谓不智也。时举于秦，知缪公之可与有行也而相之，可谓不智乎？"味其所用助字，开阖变化，使人之意飞动，此难以为温夫辈言也。

|| 注释

①百里奚：秦穆公时贤臣，早年贫穷困乏，流落不仕。后辅佐秦穆公，富国强兵，立下大功。

②柳子厚：即柳宗元，字子厚。

③一：统一对待，认为它们都一样。

||| 译文

柳宗元在《复杜温夫书》中说："你在写文章时，使用'助'字，不合乎规则。人们常用的所谓乎、欤、耶、哉、夫等，是疑问字，表示疑问的意思。所谓矣、耳、焉等，是判断字，表示判断的意思。而今，你认为这些字所表达的意思是一样的，应仔细查考前人对这些字的使用。若与我上面所说的是不同的，从此进行认真的思考分析是有益的。"我在读《孟子》一书时，见到关于百里奚的一段记载，说万章问道："有人说百里奚用自己卖给秦国养牲畜的人的所得，来求见秦穆公，这话可信吗？其回答是：他竟不知道用饲养牛的方法来求见秦穆公是‘为污也，可谓智乎？’他预见到虞公不可以劝阻，便不去劝阻，‘可谓不智乎？’他又预知到虞公将要灭亡，因而早早离开，‘不可谓不智也’。当他在秦国被推举出来的时候，便知道秦穆公是一位可以帮助而有作为的君主，可谓不智乎？”仔细辨别所使用的助字，开合变化，使人思绪飞动，这些对温夫之辈来说是难以理解的。

韩柳为文之旨

| 原文

韩退之自言：作为文章，上规姚、姒、《盘》《诰》《春秋》《易》《诗》《左氏》《庄》《骚》、太史、子云、相如，闳其中而肆①其外。

柳子厚自言：每为文章，本之《书》《诗》《礼》《春秋》《易》，参之《穀梁氏》以厉其气②，参之《孟》《荀》以畅其支③，参之《庄》《老》以肆其端，参之《国语》以博其趣，参之《离骚》以致其幽④，参之太史公⑤以著其洁。此韩、柳为文之旨要，学者宜思之。

|| 注释

①闳、肆：闳，宏大充实。肆，汪洋恣肆。

②厉其气：振奋文章的气势。

③畅其支：使文章行文流畅通顺。

④致其幽：使文章意境幽远。

⑤太史公：即司马迁。其著作《史记》，语言精练优美，无冗词。

||| 译文

唐朝韩愈曾说：写文章时，应当师法上古的名著名篇，诸如《虞书》《夏书》《尚书·盘庚》《尚书·诰》《春秋》《易》《诗经》《左传》《庄子》《离骚》，以及司马迁、杨雄、司马相如的文章。师法时，在内容上要充实，在表现上要流畅。

柳宗元则认为：写文章时，应当首先依据《尚书》《诗经》《礼记》《春秋》《易经》这个根本；其次，要参照《穀梁传》的写法，可使文章思路开阔，振奋气势；参照《孟子》《荀子》，可使文章流畅、说理精当；参照《庄子》《老子》，可使文章酣畅泼墨，妙笔生花；参照《国语》，可使文章情趣横生，耐人寻味；参照《离骚》，可使文章意境幽远，发人深省；参照《史记》，可使文章语言优美，简洁精炼。这是韩愈、柳宗元两人所谈的创作要旨，应当引起学人的重视。

洛中盱江八贤

原文

司马温公《序赙礼》，书闾阎[①]之善者五人。吕南公作《不欺述》，书三人。皆以卑微不见于史氏。予顷[②]修国史，将以缀于孝行传而不果成，聊纪之于此。

温公所书皆陕州夏县人。曰医刘太，居亲丧，不饮酒食肉，终三年，以为今世士大夫所难能。

其弟永一，尤孝友廉谨。夏县有水灾，民溺死者以百数，永一执竿立门首，他人物流入门者，辄擿出之。有僧寓钱数万于其室而死，永一诣[③]县自陈，请以钱归其弟子。乡人负债不偿者，毁其券[④]。

曰周文粲，其兄嗜酒，仰弟为生，兄或时酗殴粲，邻人不平而唁之，粲怒曰："兄未尝殴我，汝何离间吾兄弟也！"

曰苏庆文者，事继母以孝闻，常语其妇曰："汝事吾母小不谨，必逐汝！"继母少寡而无子，由是安其室终身。

曰台亨者，善画，朝廷修景灵宫，调天下画工诣京师，事毕，诏选试其优者，留翰林授官禄，亨名第一。以父老固辞，归养于田里。

南公所书皆建昌南城人。曰陈策，尝买骡，得不可被鞍者，不忍移之它人，命养于野庐，俟其自毙。其子与猾驵[⑤]计，因经过官人丧马，即磨破骡背，以衒贾之。既售矣，策闻，自追及，告以不堪。官人疑策爱也，秘之。策请试以鞍，亢亢终日不得被，始谢还焉。有人从策买银器若罗绮者，策不与罗绮。其人曰："向见君帑[6]有之，今何靳[7]？"策曰："然。有质钱而没者，岁月已久，丝力糜脆不任用，闻公欲以嫁女，安可以此物病公哉！"取所当与银器投炽炭中，曰："吾恐受质人或得银之非真者，故为公验之。"

曰危整者，买鲍鱼，其驵舞秤权阴厚整。鱼人去，身留整傍，请曰："公买止五斤，已为公密倍入之，愿畀[8]我酒。"整大惊，追鱼人数里返之，酬以直[9]。又饮驵醇酒，曰："汝所欲酒而已，何欺寒人为？"

曰曾叔卿者，买陶器欲转易于北方，而不果行。有人从之并售者，叔卿与之，已纳价，犹问曰："今以是何之？"其人对："欲效公前谋耳。"叔卿曰："不可，吾缘北方新有灾荒，是故不以行，今岂宜不告以误君乎？"遂不复售。而叔卿家苦贫，妻子饥寒不恤也。

呜呼，此八人者贤乎哉！

|| 注释

①闾阎：闾泛指门户，人家。古代以二十五家为一闾。阎指里巷的门。闾阎泛指平民老百姓。

②顷：近来。

③诣：到，旧时特指造访尊长。

④券：契据，常分为两半，双方各执其一。

⑤猾驵：狡猾的市场经纪人。

⑥帑：古时指收藏钱财的府库或钱财。

⑦靳：吝惜，不肯给予。

⑧畀（bì）：给予。

⑨直：通"值"，等值的财物。

||| 译文

司马光在《序赙礼》这篇文章中说民间有善行者五人。吕南公在其所撰写的《不欺述》中，记有三人的事略。由于他们出身微贱，所以这些事迹并不为史家所记载。近来，我在编修国史时，曾想将这八人列入孝行传中，结果也未能列入。兹将这八人事略，记之于此。

司马光所说的五人，都是陕州夏县（今属山西）人。一是刘太，是个医生，为父母守丧，三年不饮酒吃肉，始终如一。这是当今士大夫们所难以做到的。

二是他的弟弟永一。永一尤以孝顺父母、友爱兄弟和洁身谨慎而著称。夏县发生水灾，百姓被洪水淹没致死的数以百计，永一拿着一根竹竿，站在门口，凡是看到有人和东西漂流到家门口的，就打捞出来。有一个僧人，把数万钱寄放在他家里，这个僧人不幸死去，永一到县署述说其事，并且提出请求官府协助把这些钱归还给僧人的弟子。当地人向他借债，言明如期按本付息，有的家中穷困，实在不能偿还的，他就将借贷契约焚毁。

三是周文粲。他的哥哥嗜饮酒，不务正业，依靠弟弟文粲供给为生。他的哥哥在醉酒时，往往对文粲进行毒打。邻居中好打不平的人，对文粲的遭遇深表同情，都去安慰他。每当出现这种情形，文粲就恼火，并且对他们说："我的哥哥不曾打我，你们为什么要在我们兄弟之间进行挑拨离间呢？"

四是苏庆文。他殷勤侍奉继母，以孝闻名。他曾对他的妻子说："你要谨慎耐心地侍奉我的母亲，如果不是这样，我就要把你赶走。"继母年少即守寡，没有儿子，后来，来到苏家安家并且最后病死在这里。

五是台亨。此人善绘画，朝廷决定修建景灵宫，征调各地著名画工到京师，为景灵宫作画。这件事完成后，朝廷下令选拔其中的优秀者，留他们到翰林院，授给他们官职，发给他们薪俸。台亨名列第一。但台亨因其父年迈，坚持辞官，返回故里，侍养双亲。

吕南公说下述三人都是建昌南城（今属江西）人。一是陈策。此人曾经买一匹骡子，它不能披鞍或让人骑，或驮运货物，陈策不忍心再到市上卖给他人，就叫人在村外草屋进行喂养，让它老死在这里。他的儿子与奸诈的经纪合谋。在这里经过的官人，有的马突然死去急着再买，他们就借此机会，故意将骡子的脊背磨破，牵到市上去卖，并且极力夸耀这匹骡子如何如何。不久，就将它卖了出去。陈策听说后，连忙前去追赶，见了买主，如实地告诉不能让人骑乘、驮运货物的实情。官人听后，不禁产生疑虑，以为他是喜爱这匹骡子，便问他究竟是怎么一回事。陈策让官人将鞍子放在骡背上，整整折腾了一天，也没有放上，被骡子踢得一塌糊涂。这时官人才明白了真情，从内心里对陈策发出了由衷的感谢。陈策当即把钱退还给了官人，官人把骡子退还给了陈策。又有一次，一个人到陈策家里去买质地轻软带有椒眼文饰的银器，陈策不卖给他。这个人有些生气，就问他道："我明明见你家中有这种东西，现在为什么不卖给我呢？"陈策回答："是啊！我家存放的这种银器，是别人借钱抵押给我的，时间已经很长了。我听说你买这东西是为女儿作陪嫁用的，我怎么能用这样过期报废的货物来坑害你呢？"说罢，就将家中所存的银器投进炽热的炭火盆中焚毁，并对买主说："我这东西是从质人手中买来的，怕不是真品，做个验证让你看。"

二是危整。一天，他到市上买回鲍鱼，经纪舞弄着秤锤，故意多给称了几斤。卖鱼人走后，经纪就对危整说："你只买五斤，我暗中给你称了十斤，你得请我喝酒。"危整听后，十分吃惊，忙去追赶卖鱼的人，跑了几里才追上，把多给他的鱼按价付给了卖鱼的人。又把那位经纪请到酒店中饮酒，并对那位经纪说："你只是想喝酒，何必去欺侮卖鱼的贫苦人呢？"

三是曾叔卿。他打算到南方购买一批陶器运到北方贩卖。买回来后，迟迟未能向北方转运。这天，一个跟他一起做陶器生意的人前来买货。曾叔卿答应卖给他，已付了钱，他顺便问道："现在你买这些陶器干什么？"那人回答："我是跟你学的，是按照原先你的想法去做的。"曾叔卿当即斩钉截铁地对他说："你可不能这样做。我是由于北方新近遭灾，所以才未把这批陶器运到北方去卖的。如今岂能不告诉你这一点呢？"于是曾叔卿决定不再把存货卖给他。而曾叔卿家中贫穷，连妻子的饥寒温饱都难以顾全。

唉，以上八人，真可谓是善人贤人啊！

卷　八

诸葛公

| 原文

诸葛孔明千载人[①]，其用兵行师[②]，皆本于仁义节制，自三代以降[③]，未之有也。盖其操心制行[④]，一出于诚[⑤]，生于乱世，躬耕垅亩，使无徐庶之一言[⑥]，玄德之三顾，则苟全性命，不求闻达必矣。其始见玄德，论曹操不可与争锋，孙氏可与为援而不可图，唯荆、益可以取，言如蓍龟[⑦]，终身不易[⑧]。二十余年之间，君信之，士大夫仰之，夷夏服之，敌人畏之。上有以取信于主，故玄德临终，至云："嗣子不才，君可自取。"后主虽庸懦无立，亦举国听之而不疑。下有以见信于人，故废廖立而立垂泣，废李严而严致死。后主左右奸辟侧佞[⑨]，充塞于中，而无一人有心害疾者。魏尽据中州，乘操、丕积威之后，猛士如林，不敢西向发一矢以临蜀，而公六出征之，使魏畏蜀如虎。司马懿案行其营垒处所，叹为天下奇才。钟会伐蜀，使人至汉川祭其庙，禁军士不得近墓樵采，是岂智力策虑所能致哉？魏延每随公出，辄[⑩]欲请兵万人，与公异道会于潼关，公制而不许，又欲请兵五千，循秦岭而东，直取长安，以为一举而咸阳以西可定。史臣谓公以为危计不用，是不然。公真所谓义兵不用诈谋奇计，方以数十万之众，据正道而临有罪，建旗鸣鼓，直指魏都，固将飞书告之，择日合战，岂复翳行窃步，事一旦之谲以规咸阳哉！司马懿年长于公四岁，懿存而公死，才五十四耳，天不祚汉，非人力也。"霸气西南歇，雄图历数屯。"杜诗尽之矣。

|| 注释

①千载人：千年的伟人。

②行师：用兵，出兵。

③自三代以降：自从夏、商、周三代以来。

④操心制行：思想和行为。

⑤一出于诚：全部都出于一片赤诚。一，一概、全部。

⑥使无徐庶之一言：假使没有徐庶对刘备的那一句推荐。徐庶本效力刘备，被曹操扣押了母亲，又是孝子，只得前往曹营。走前，向刘备推荐了诸葛亮，说诸葛亮比自己更有韬略。使无，假使没有。

⑦蓍（shī）龟：蓍草和龟壳。两者都是用来占卜的，此处代指占卜算卦。

⑧易：更改，变更。

⑨佞：善辩，巧言谄媚。

⑩辄：总是，就。

||| 译文

诸葛孔明是千载伟人，他用兵行军、指挥作战，都以仁义之道为本，这是自夏、商、周三代以来未曾有过的。他的思想行为，一概出于对刘玄德和恢复汉室事业的忠诚。他生在乱世，亲自种田谋生，假使没有徐庶一句话的推荐、玄德三顾茅庐的热忱，那么他苟且保全性命、不求扬名显达是一定的了。诸葛亮在隆中第一次会见玄德，纵论天下大势时，就提出不可与曹操较量高低，对孙权也只可相互支援，不可图谋，只有荆州、益州可以夺取。这些论断像蓍占、龟卜一样准确，终其一生的政治经历看，真是不容变更之论。在他掌权的二十多年里，国君信任他，士大夫仰慕他，汉族与少数民族的百姓信服他，敌人畏惧他。对上，他以忠诚取得君主的高度信任，所以玄德临死时以至于对他说："我的儿子没有才能，你可以自取帝位。"后主刘禅虽平庸懦怯、无所建树，但把整个国家交给他并毫无怀疑。对下，他的才德威望被部属信赖，所以长水校尉廖立与骠骑将军李严虽都被除名为民，但听到诸葛亮病逝的消息后，廖立垂泣不已，李严病发死去。后主左右奸佞之臣充塞宫中，但是没有一个人有嫉恨暗害诸葛亮之心。当魏国完全占领中州之地以后，还挟有曹操、曹丕父子生前的积威，军中勇猛的将士如林，却不敢派一兵一卒发一支箭到蜀国，而诸葛亮却率领大军六出祁山、讨伐魏国，致使魏国上下畏惧蜀国如同畏虎。敌帅司马懿仔细考查诸葛亮军营壁垒后，叹服他是天下奇才。敌将钟会征讨蜀国时，特地派人至汉川祭礼诸葛亮庙，并下令，军士禁止在诸葛墓附近砍柴。这难道是智力高超或谋略过人所能获得的吗？魏延每次随诸葛亮出兵伐魏，总想请求拨给自己将士万人，他要仿效韩信故事，从暗道与诸葛亮潼关会师，诸葛亮坚决制止，不允许；魏延又想请求诸葛亮拨给他将士五千人，他要沿秦岭向东走，直取长安。他认为这一军事行动能使咸阳以西之地平定。史臣记载说，诸葛亮认为这是危险之计而不予采纳。其实不然，诸葛亮真是人们所说的正义之师，不用诈谋奇计，他正要率领数十万大军，占据通衢要道去讨伐敌人。他树起大旗，高鸣战鼓，直指魏国京都，本来要飞骑传书，通知敌方，择定日期交战，难道又能隐秘行动，暗中行事，以谲诈之计谋图咸阳吗？司马懿比诸葛亮年长四岁，司马懿活着而诸葛亮却不幸死去，享年才五十四岁。上天不保佑汉室，这不是人力所能挽回的。“霸气西南歇，雄图历数屯。”杜甫这两句诗说天命去而汉祚终，是将当时的情势概括尽了。

陶渊明

原文

陶渊明高简闲靖，为晋、宋第一辈人。语其饥则箪瓢屡空[①]，瓶无储粟；其寒则短褐穿结，絺绤冬陈；其居则环堵萧然[②]，风日不蔽。穷困之状，可谓至矣。读其《与子俨等疏》云：“恨室无莱[③]妇，抱兹苦心。汝等虽曰同生，当思四海皆兄弟之义。管仲、鲍叔，分财无猜，他人尚尔，况同父之人哉！”然则犹有庶子也。《责子》诗云：“雍端年十三。”此两人必异母尔。渊明在彭泽，悉令公田种秫[④]，曰：“吾常得醉于酒足矣。”妻子固请种秔，乃使二顷五十亩种秫，五十亩种秔[⑤]。其自叙亦云："公田之利，足以为酒，故便求之。"犹望一稔[6]而逝，然仲秋至冬，在官八十余日，即自免去职。所谓秫、秔，盖未尝得颗粒到口也，悲夫！

注释

①箪瓢屡空：饭瓢经常空空如也。箪，古代盛饭的圆竹器。瓢，舀水或取东西的工具，多用对半剖开的匏瓜或木头制成。

②环堵萧然：四面空空，即家徒四壁。

③莱：老莱子。

④秫：黏高粱，可以做烧酒，有的地区泛指高粱。

⑤秔：稻的一种，黏性很大。

⑥稔：年，古代稻谷熟一次为一年。

译文

陶渊明高超、闲静、淡远，是晋、宋间第一流的人物。谈到饥饿他是饭瓢常空，家无存粮；说到寒冷他是粗布短衣，补丁连缀，冬天还穿着夏天的葛衣，没有替换的衣裳；他的住房是四壁空空，难以遮蔽寒风和太阳。穷困之状可以说是到了极点了。读他的《与子俨等疏》说："我常恨家中没有楚国老莱子之妻那样的贤内助来开导我，只有自己怀抱这样的一片苦心了。你们虽然是一母所生，也应当思索四海之内皆兄弟的意义。齐国的管仲、鲍叔牙二人是朋友，在经商赢利分财多少时，并无猜疑之意。外人尚可以这样，何况你们是同父的兄弟呢！"那么，陶渊明还是有妾生的庶子了。他的《责子》诗说："雍、端两人年龄都是十三。"看来这两人一定是不同母的弟兄了。陶渊明在彭泽县做县令时，下令公田全都种成高粱，说："这样我就能常醉酒了，便心满意足了。"但妻子和儿子坚决请求种粳稻，他就下令让二顷五十亩种高粱好酿酒，五十亩种粳稻可食用。他在《归去来兮辞》自叙中也说："公田的收成，足够做酒，所以顺便求了彭泽令这个小官。"他本希望种的庄稼熟了，一年后离任。然而从仲秋到冬天，他在官仅八十几天，就自动免官离职。无论高粱还是粳稻，实际上一粒也未曾到他的口中，可悲啊！

卷 九

汉文失材

| 原文

汉文帝见李广，曰："惜广不逢时，令当高祖世[①]，万户侯[②]岂足道哉！"贾山上书言治乱之道，借秦为谕，其言忠正明白，不下[③]贾谊，曾[④]不得一官。史臣犹赞美文帝，以为山言多激切，终不加罚，所以广谏争之路[⑤]。观此二事，失材多矣。吴、楚反时，李广以都尉战昌邑下显名，以梁王授广将军印，故赏不行。武帝时，五为将军击匈奴，无尺寸功，至不得其死[⑥]。三朝不遇，命也夫！

|| 注释

①令当高祖世：如果让你活在汉高祖的那个年代。

②万户侯：食邑在万户以上，是汉代侯爵的最高一层，一般都是因军功而被封赏。后世就将"万户侯"作为大官的象征。

③不下：不比……差。

④曾：竟然。

⑤广谏争之路：广开劝谏帝王的言路。

⑥至不得其死：到最后死也没得到任何功名。

||| 译文

汉文帝召见李广，说："可惜李广生不逢时，如果处在高祖时代，封个万户侯又算什么！"贾山上书谈论治理乱世的方法，借用秦朝的事打比方，他的言论忠烈正直、明白畅晓，不比贾谊差，可他竟然没有得到一官半职。但是史官们仍然称誉赞颂汉文帝，认为贾山的言辞过于激烈热切，最后也没有受到责罚，这是汉文帝用来广开劝说帝王言路的方法。考察这两件事，汉文帝丧失的人才太多了。吴国、楚国反叛时，李广以都尉的身份在昌邑作战，因而名声显赫，但由于梁王授予李广将军之印，违背了禁忌，因此没有得到奖赏。汉武帝的时候，李广五次作为将军攻打匈奴，没有为他建立任何功名，直至最后自杀。李广历经文帝、景帝、武帝三朝，却没有得到知遇之礼，这真是命啊！

陈轸之说疏

| 原文

战国权谋之士，游说从横，皆趋一时之利，殊不顾义理曲直所在。张仪欺楚怀王，使之绝齐而献商於之地。陈轸[①]谏曰："张仪必负王，商於不可得而齐、秦合，是北绝齐交，西生秦患。"其言可谓善矣。然至云："不若阴合而阳绝于齐，使人随张仪，苟与吾地，绝齐未晚。"是轸不深计齐之可绝与否，但以得地为意耳。及秦负约，楚王欲攻之。轸又劝曰："不如因赂之以一名都，与之并兵而攻齐，是我亡地于秦，取偿于齐也。"此策尤乖谬不义[②]。且秦加亡道于我，乃欲赂以地，齐本与国，楚无故而绝之，宜割地致币[③]，卑词谢罪，复求其援，而反欲攻之，轸之说于是疏矣。乃知鲁仲连[④]、虞卿为豪杰之士，非轸辈所能企及也。

|| 注释

①陈轸：战国时著名的纵横之士。

②乖谬不义：荒唐乖谬不合道义。

③割地致币：割让土地，贡献财物。

④鲁仲连：战国末期齐国人，擅长计谋，常周游各国。

||| 译文

战国时的权术谋略之士，进行游说，合纵连横，都追求一时的利益，根本不考虑道义正理和是非曲直在哪一方面。张仪欺蒙楚怀王，让楚国跟齐国断交并把秦国的商於之地（今陕西商南、河南淅川及内乡一带）献给楚王。陈轸劝谏道："张仪一定会背弃大王，商於不能得到，而齐国、秦国却会联合。这样做就是在北边断绝与齐国的交往，在西面又滋生对秦国的忧患。"这些话可以说是正确的了。但是当他说到"不如暗地里跟齐国联合而表面上跟它断交，派人跟着张仪，如果给我们土地，再跟齐国断交不迟"时，这就是陈轸不深远地考虑能不能跟齐国断绝交往，只以得到土地作为心愿罢了。等到秦国背弃了盟约，楚王想攻打秦国。陈轸又劝说道："不如趁机奉送秦国一个著名都市，跟秦国合并军队去攻打齐国，这样我国在秦国丧失的土地就可以从齐国那里得到补偿了。"这种决策更是荒谬不合道义。况且秦国把灭亡之名强加于楚国，楚国却打算把土地奉送给它；齐国本是同盟国，楚国竟要无故地跟它断交！楚国应该向齐国割让土地赠送礼物，用谦卑的辞令承认过错，再请求齐国援助，怎么能反过来想攻打齐国呢！陈轸的主张在这里就太过疏失了。相比之下，这才知道鲁仲连、虞卿是豪放杰出的士人，不是陈轸之流所能赶上的。

卷　十

爱盎小人

| 原文

爱盎真小人，每事皆借公言而报私怨，初非尽忠一意为君上者也。尝为吕禄舍人，故怨周勃。文帝礼下勃，何豫盎事，乃有“非社稷臣”之语，谓勃不能争吕氏之事，适会成功耳。致文帝有轻勃心，既免使就国，遂有廷尉之难。尝谒丞相申屠嘉，嘉弗为礼，则之丞相舍折困[①]之。为赵谈所害，故沮止[②]其参乘。素不好晁错，故因吴反事请诛之。盖盎本安陵群盗，宜其忮[③]心忍戾如此，死于刺客，非不幸也。

|| 注释

①折困：折辱为难。

②沮止：即“阻止”。

③忮（zhì）：嫉妒，恨。

||| 译文

爱盎真正是个小人，每件事都是假借公言来报私人的怨恨，最初并不是竭尽忠诚、一心一意地为君上办事的。他曾经做过吕禄的舍人，因此怨恨周勃。汉文帝礼待周勃，跟爰盎有什么相干？竟然说周勃“不是国家的忠臣”的话，说周勃不能为吕氏的事劝诤，正好碰上诛诸吕成功罢了。致使汉文帝有不看重周勃的思想，周勃被免职回到封国之后，于是遭受刑狱之难。爰盎曾经求见丞相申屠嘉，申屠嘉不礼待他，他就到丞相住处去折辱为难他。爰盎被赵谈害过，因此阻止赵谈作为皇上车右的陪乘。爰盎素来不喜欢晁错，因此趁着吴王造反的事请求杀了晁错。爰盎家本来是安陵的一伙盗匪，难怪他心怀猜忌、残忍乖张到这种地步。他被刺客杀死，没有死于王法，并不是不幸的事。

唐书判

| 原文

唐铨选[①]择人之法有四：一曰身，谓体貌丰伟；二曰言，言辞辩正；三曰书，楷法遒美；四曰判[②]，文理优长。凡试判登科谓之入等，甚拙者谓之蓝缕，选未满而试文三篇谓之宏辞，试判三条谓之拔萃。中者即授官。既以书为艺，故唐人无不工楷法，以判为贵，故无不习熟。而判语必骈俪，今所传《龙筋凤髓判》及《白乐天集·甲乙判》是也。自朝廷至县邑，莫不皆然，非读书善文不可也。宰臣每启拟一事，亦必偶数十语，今郑畋敕语、堂判犹存。世俗喜道琐细遗事，参以滑稽，目为花判，其实乃如此，非若今人握笔据案，只署一字亦可。国初[③]尚有唐余波，久而革去之。但体貌丰伟，用以取人，未为至论[④]。

|| 注释

①铨选：选择人才授予官职。

②判：判状文辞。

③国初：本朝初年，即宋朝初年。

④未为至论：不能算妥善的评论。

||| 译文

唐朝量才授官，选择人才的原则有四条：第一是身体标准，要求身体相貌丰满伟岸；第二是言谈标准，言语辞令雄辩公正；第三是书写，楷书法式遒劲刚美；第四是判状，文辞条理优美通畅。凡通过吏部考试录取的称为“入等”，非常拙劣的称为“蓝缕”，未通过吏部考选而通过三篇文章的称为“宏辞”，通过判状三条的称为“拔萃”。选中的授予官职。既然靠书法作为艺业，因此唐朝人没有不擅长楷书法式的；既然以判状为重要，因此没有不学习熟练的。而判状的语言一定讲究对偶整齐，现在流传的《龙筋凤髓判》以及《白乐天集·甲乙判》就说明这一点。从朝廷到县城，没有不是这样的，不读书、不擅长文学就不行。朝廷辅政大臣每逢报告草拟一件事，也一定对偶几十句话，现在郑畋写的敕书、堂判仍然留存着。世俗喜欢谈论琐碎的古代遗事，夹杂着诙谐的话语，被看成“花判”，那事实就是这样，不像现在的人提笔靠着书案，只签署一个字也可以。宋朝初年还有唐朝的遗风，久而久之就被除去了。只是用身体相貌丰盈高大来取用人才，不能算妥善的评定。

玉蕊杜鹃

| 原文

物以希见为珍，不必异种也。长安唐昌观玉蕊，乃今玚花，又名米囊，黄鲁直易为山礬者。润州鹤林寺杜鹃，乃今映山红，又名红踯躅者。二花在江东弥山亘野[①]，殆[②]与榛莽相似。而唐昌所产，至于神女下游，折花而去，以践玉峰之期；鹤林之花，至以为外国僧钵盂中所移，上玄命三女下司之，已逾百年，终归阆苑。是不特[③]土俗罕见，虽神仙亦不识也。王建《宫词》云：“太仪前日暖房来，嘱向昭阳乞药栽。敕赐一窠红踯躅，谢恩未了奏花开。”其重如此，盖宫禁中亦鲜云。

|| 注释

①弥山亘野：漫山遍野，到处都是。弥，弥漫。

②殆：几乎。

③不特：不仅仅。

||| 译文

事物以少见为珍奇，不一定要奇异的品种。长安的唐昌观中玉蕊花，就是现在的玚花，又名米囊，黄鲁直改称为山礬的那种花。润州的鹤林寺中的杜鹃花，就是现在的映山红，又叫红踯躅的那种花。这两种花在江东漫山遍野，几乎跟丛生的野草一样。而唐昌观中所种的玉蕊花，甚至神女下凡游赏都折花离去，去赴玉峰仙境的约会；鹤林寺的杜鹃花，人们甚至认为是从外国僧人的钵盂中移来的，上天命令三位仙女主管它已经超过一百年了，最终要回到阆风仙苑。这说明不仅仅民间很少见到，就算是神仙也不认识。王建的《宫词》咏道："太仪前日暖房来，嘱向昭阳乞药栽。敕赐一窠红踯躅，谢恩未了奏花开。"对它这样的看重，可见皇宫之中也很稀有。

卷十一

将帅贪功

原文

以功名为心，贪[①]军旅之寄，此自将帅习气，虽古来贤卿大夫，未有能知止自敛者也。廉颇既老，饭斗米、肉十斤，被甲上马[②]，以示可用，致困郭开之口，终不得召。汉武帝大击匈奴，李广数自请行[③]，上以为老，不许，良久，乃许之，卒有东道失军之罪。宣帝时，先零羌反，赵充国年七十余，上老之[④]，使丙吉问谁可将，曰："亡逾于老臣者矣[⑤]。"即驰至金城，图上方略，虽全师制胜，而祸及其子卬。光武时，五溪蛮夷畔，马援请行，帝愍[⑥]其老，未许。援自请曰："臣尚能被甲上马。"帝令试之，援据鞍顾盼[⑦]，以示可用。帝笑曰："矍铄哉是翁也！"遂用为将，果有壶头之厄。李靖为相，以足疾就第，会吐谷浑寇边[⑧]，即往见房乔曰："吾虽老，尚堪一行。"既平其国，而有高甑生诬罔之事，几于不免。太宗将伐辽，召入谓曰："高丽未服，公亦有意乎？"对曰："今疾虽衰，陛下诚不弃，病且瘳[⑨]矣。"帝悯其老，不许。郭子仪年八十余，犹为关内副元帅、朔方河中节度，不求退身，竟为德宗册[⑩]罢。此诸公皆人杰也，犹不免此，况其下者乎！

注释

①贪：喜好，热心。

②饭斗米、肉十斤，被甲上马：每顿饭吃一斗米、十斤肉，披上铠甲翻身上马。

③数自请行：许多次自动请求出征。

④上老之：圣上认为他年老。

⑤亡逾于老臣者矣：没有能够胜过老臣我的了。亡，通“无”。逾，超过、胜过。

⑥愍：通“悯”，怜悯，体恤。

⑦据鞍顾盼：坐在马鞍上左右顾盼。

⑧会吐谷浑寇边：正好碰见吐谷浑进犯边疆。

⑨瘳：病愈，康复。

⑩册：下令。

||| 译文

把功名放在心上，热心寄于军队之中，这自然是将帅的习气，即使是古代以来贤明的卿大夫，也没有能够知道退止和自我收敛的。廉颇老了以后，还以每顿吃一斗米、十斤肉，披铠甲上战马，来表示还可以被任用，致使郭开无法说他老了，最终却仍不能被召用。汉武帝大举进击匈奴，李广屡次请求参战，皇上认为他老了，不同意，李广请求了很久才同意，最后却有迷失方向贻误军机的罪过。汉宣帝时，先零羌反叛，赵充国七十多岁了，皇上认为他太老了，让丙吉问他谁可以当将领，赵充国说：“没有谁能胜过我了。”于是奔驰到金城，划出北方的疆界，虽然保全了军队取得了胜利，但却使他的儿子赵卬遭到灾祸。汉光武帝时，五溪的少数民族反叛，马援请求出征，光武帝悯恤他年老，没有同意。马援请求说：“我还能够披甲跨马。”光武帝让他试一试，马援跨上马鞍左顾右盼，来表示可被任用。光武帝笑道：“这个老者真是勇健啊！”于是用他为将，果然在壶头山遭到厄运。李靖当过宰相，因为脚有毛病辞职，遇上吐谷浑进犯边疆，就去见房乔说：“我虽然老了，但还能出征一次。”平定了吐谷浑国，却有遭到高甑生诬陷欺骗的事，几乎不能幸免。唐太宗打算攻打辽东，召他进来对他说：“高丽还不臣服，您也有出征的意思吗？”他回答：“现在我有病，虽然衰弱，但陛下真的不嫌弃我的话，我的病就快好了。”皇帝怜悯他年龄老了，不同意。郭子仪八十多岁，还当着关内副元帅和朔方、河中节度使，不想辞职退居，最后被唐德宗下令罢免。这些人都是人中英杰，还不能免于贪功求名，何况比他们低下的人呢！

汉二帝治盗

| 原文

汉武帝末年，盗贼滋[①]起，大群至数千人，小群以百数。上使使者衣绣衣[②]，持节虎符[③]，发兵以兴击，斩首大部或[④]至万余级。于是作“沈命法”，曰：“群盗起[⑤]不发觉，觉而弗捕满品者，二千石以下至小吏主者皆死。”其后小吏畏诛，虽有盗，弗敢发[⑥]，恐不能得，坐[⑦]课累府，府亦使不言。故盗贼寖多，上下相为匿，以避文法[⑧]焉。光武时，群盗处处并起。遣使者下郡国，听郡盗自相纠擿，五人共斩一人者除其罪。吏虽逗留回避故纵者，皆勿问，听从禽讨为效。其牧守令长坐界内有盗贼而不收捕者，及以畏愞捐城委守者，皆不以为负，但取获贼多少为殿最，唯蔽匿者乃罪之。于是更相追捕，贼并解散。此二事均为治盗，而武帝之严，不若光武之宽，其效可睹也。

|| 注释

①滋：生长，滋生，加多。

②衣绣衣：穿上锦绣衣服。

③持节虎符：拿着符节作凭证。

④或：有的。

⑤起：出现。

⑥发：揭发，上报。

⑦坐：定罪。

⑧文法：法令条文。

||| 译文

汉武帝末年，盗贼越来越多，大的盗匪群多达数千人，小的也有几百人。皇上派使者穿上绣衣，拿着符节凭证，派军队进行攻击，斩首大的部队有的达一万多首级。于是建立“沈命法”，法律规定：“成群的盗匪出现没有发觉，发觉了而没有捕获到规定的标准的，二千石以下的官员到下级官吏主持这件事的人都判死刑。”这以后下级官吏害怕被杀，即使有盗贼也不敢上报，唯恐不能捕获，违犯规定连累郡府，郡府也让他们不要上报。因此盗贼渐渐增多，上上下下却相互隐瞒，好躲避法令条文的制裁。汉光武帝时，成群的盗贼到处兴起。汉光武帝派遣使者下到各郡，听任盗贼们自己相互纠纷揭发，五个人共同斩杀一人的，免除他们的罪行。官吏们即使停留拖延、回避不前、故意放纵盗贼的，都不加追问，只以捉获讨伐的成效论处。那些郡守、县令犯了管辖区域内有盗贼而不收容捕捉的罪过的，及因为害怕、软弱丢弃城池和职守的人，都不看作过失，只根据捕获盗贼的多少来评定优劣，只有包庇隐藏的人才判罪。于是互相追捕，盗贼们都解体逃散。这两件事都是治理盗贼的，而汉武帝的严厉不如汉光武帝宽缓，它们的不同效果是很明显的。

卷十二

光武弃冯衍

| 原文

汉室中兴[①]，固皆[②]光武之功，然更始[③]既即天子位，光武受其爵秩[④]，北面[⑤]为臣矣，及平王郎，定河北，诏令罢兵，辞[⑥]不受召，于是始贰[⑦]焉。更始方困于赤眉[⑧]，而光武杀其将谢躬、苗曾，取洛阳，下河东，翻[⑨]为腹心之疾。后世以成败论人，故不复议。予谓光武知更始不材，必败大业，逆取顺守，尚为有辞。彼鲍永、冯衍，始坚守并州，不肯降下，闻更始已亡，乃罢兵来归，曰："诚惭以其众幸富贵。"其忠义之节，凛然可称。光武不能显而用之，闻其言而不悦。永后以它立功见用，而衍终身摈斥[⑩]，群臣亦无为之言者，吁可叹哉！

|| 注释

①中兴：国家由衰退到复兴。

②固皆：固然都是。

③更始：即更始帝刘玄，字圣公，南阳蔡阳人，汉光武帝刘秀的族兄。公元23年，绿林军拥立刘玄为帝，年号更始。他才能平庸，性格懦弱。更始三年，赤眉军进攻，刘玄投降，被封畏威侯，不久改封为长沙王。十二月，被赤眉将张昂派人缢死。

④爵秩：爵禄。

⑤北面：对人称臣。古代君主坐北朝南，臣子朝见君主则面朝北，所以对人称臣称为北面。

⑥辞：推辞，退却。

⑦贰：背叛，变节。

⑧赤眉：新莽末年，山东东部兴起的一支农民起义军，为和绿林相区别，用赤色染眉，故称赤眉军，主要力量是贫苦农民。赤眉兴起后，势力急剧壮大，几年间，发展到十万人以上。但终被刘秀势力所击败。

⑨翻：翻转过来，此处指反而。

⑩摈斥：排挤，排斥。

||| 译文

汉朝衰微而又复兴，固然都是光武帝的功劳，但是更始帝刘玄即天子位之后，光武帝接受了他的封爵官位，面向北做了臣子，等到平定了王郎，安定了河北，更始命令撤军，但光武帝推辞不受召见，在这时开始有了二心。正当刘玄被赤眉军围困时，光武帝却杀了他的将领谢躬、苗曾，攻取洛阳，打下河东，反而成了刘玄的腹心之患。后代根据成功或失败来评论人，因此不再议论。我认为光武帝知道刘玄不成材，一定会败坏大业，因此用武力夺取政权，用文教治理天下，还算可以辩解。那鲍永、冯衍，开始时坚守并州，不肯投降，听到刘玄已死，才停战来归顺光武帝，说道："我实在惭愧带领我的部众来幸得富贵。"他的忠义节操，威严正气，值得称赞。光武帝不能提拔重用他，听到他的言谈就不高兴。鲍永后来因为另外立了功被任用了，而冯衍却终身被摈弃排斥，大臣们也没有谁替他说话的，唉！可叹哪！

逸诗书

| 原文

逸[①]《书》、逸《诗》，虽篇名或存，既亡其辞，则其义不复可考[②]。而孔安国[③]注《尚书》，杜预注《左传》，必欲强为之说。《书》"汩作"注云"言其治民之功"，"咎单作《明居》"注云，"咎单，主土地之官。作《明居》，民法"。《左传》"国子赋辔[④]之柔矣"注云，"义取宽政以安诸侯，若柔辔之御刚马"。如此之类。予顷教授福州日，林之奇少颖[⑤]为《书》学谕，讲"帝釐下土"数语，曰："知之为知之，《尧典》

《舜典》之所以可言[⑥]也；不知为不知，《九共》《槀饫》略之可也。”其说最纯明可喜[⑦]，林君有《书解》行于世，而不载此语，故为表出之。

注释

①逸：散失。

②考：考证。

③孔安国：孔子十一世孙。

④辔：驾驭牲口的嚼子和缰绳。

⑤林之奇少颖：林之奇，字少颖。

⑥可言：可以解说。

⑦可喜：值得嘉奖、表彰。

译文

散失的《尚书》、散失的《诗经》，虽然有些篇名留存着，但既然它的内容亡佚了，那么它的意义就不再能够考证了。可是孔安国注《尚书》、杜预注《左传》一定要想给它们做出解释。《尚书》的“汩作”，孔安国注释说，“这是说他治理百姓的功劳”，“咎单作《明居》”，注解说，“咎单，是管理土地的官，写了《明居》，是关于民法的。”《左传》中“国子赋辔之柔矣”，杜预注解道，“它的意义在于，要用宽松的政治来使诸侯安定，就像柔软的缰绳驾驭刚烈的骏马一样”。像这一类的很多。我不久前在福州任儒学教授时，林之奇（字少颖）做了《尚书》学的教谕。在讲“帝釐下土”几句的时候，他说：“知道就是知道，这就是《尧典》《舜典》可以解说的道理；不知道就是不知道，《九共》《槀饫》略去它也是可以的。”这种观点是最精纯明白值得表彰的。林之奇有《书解》流行在社会上，可是没有写上这几句话，因此我为他发表出来。

虎夔藩

原文

黄鲁直《宿舒州太湖观音院》诗云：“汲[①]烹寒泉窟，伐烛古松根。

相戒莫浪出，月黑虎夔藩。”“夔”字甚新，其意盖言抵触之义，而莫究[②]所出。惟杜工部[③]《课伐木》诗序云：“课隶人入谷斩阴木[④]，晨征暮返，我有藩篱，是缺是补，旅次[⑤]于小安。山有虎，知禁[⑥]。若恃爪牙之利，必昏黑撑突。夔人屋壁，列树白桃，镘焉墙，实以竹，示式遏。为[⑦]与虎近，混沦[⑧]乎无良宾客。”其诗句有云：“藉汝跨小篱，乳兽待人肉。虎穴连里闾，久客惧所触。”乃知鲁直用此序中语。然杜公在夔府所作诗，所谓“夔人”者，述其土俗[⑨]耳，本无抵触之义，鲁直盖误用之。又《寺斋睡起》绝句云：“人言九事八为律，傥[⑩]有江船吾欲东。”按《主父偃传》：“上书言九事，其八事为律令，一事谏伐匈奴。”谓八事律令而言，则“为”字当作去声读，今鲁直似以为平声，恐亦误也。

‖注释

①汲：汲水，打水。

②究：追究。

③杜工部：即杜甫，因杜甫曾任左拾遗、检校工部员外郎，所以常被人称作杜拾遗、杜工部。

④阴木：山阴的树木。

⑤旅次：旅途中小住的地方。

⑥禁：畏忌。

⑦为：因为。

⑧混沦：弄混，混淆。

⑨土俗：民土风俗。

⑩傥：通“倘”。倘若，如果。

‖译文

黄鲁直《宿舒州太湖观音院》诗写道：“汲烹寒泉窟，伐烛古松根。相戒莫浪出，月黑虎夔藩。”“夔”字非常新奇，它的意思大概是抵触的意义，可是没有人追究它的出处。杜甫《课伐木》诗的诗序说：“督促罪犯到山谷中砍伐山阴的树木，早上出去，晚上回来。我们有篱笆，哪儿缺了就在哪儿补上，居处的地方于是能够稍得安宁。山上有老虎，老虎也知道畏忌。如果它依仗着坚利的爪牙，一定会在天色黑时来冲撞的。夔州人的房屋墙壁，是排列着的白桃枝，涂上泥而成为墙的，当中用竹子填实，用来表示阻遏。因为跟老虎离得近，常把老虎和宾客到来的声音弄混。”这首诗的诗句说：“藉汝跨小篱，乳兽待人肉。虎穴连里间，久客惧所触。”由此可知黄鲁直是用这首诗的诗序中的话。然而杜甫在夔州府所作的这首诗中，所谓的“夔人”，是记述当地的风土民俗罢了，本来没有抵触的意义，黄鲁直大概是错用了这个字。另外，《寺斋睡起》这篇绝句说：“人言九事八为律，傥有江船吾欲东。”考察《主父偃传》，原话是：“上书说了九件事，其中八件都是谈论律令的，一件事是谏伐匈奴的。”意思是八件事是就律令而说的，那么“为”字应该读成去声，现在黄鲁直似乎是认为该读平声，恐怕也错了。

卷十三

谏说之难

原文

韩非作《说难》，而死于说难，盖谏说之难，自古以然。至于知其所欲说，迎而拒之，然卒至于言听而计行者，又为难而可喜者也。秦穆公执晋侯，晋阴饴甥往会盟，其为晋游说无可疑者。秦伯曰："晋国和乎？"对曰："不和。小人曰必报仇，君子曰必报德。"秦伯曰："国谓君何？"曰："小人谓之不免，君子以为必归；以德为怨，秦不其然。"秦遂归晋侯。

秦伐赵，赵求救于齐，齐欲长安君[①]为质。太后不肯，曰："复言者老妇必唾其面。"左师[②]触龙[③]愿见，后盛气而胥之入，知其必用此事来也。左师徐坐，问后体所苦，继乞以少子补黑衣[④]之缺。后曰："丈夫亦爱怜少子乎？"曰："甚于妇人。"然后及其女燕后，乃极论赵王三世之子孙无功而为侯者，祸及其身。后既寤[⑤]，则言："长安何以自托于赵？"于是后曰："恣君之所使。"长安遂出质。

范雎见疏于秦，蔡泽入秦，使人宣言感怒雎，曰："燕客蔡泽，天下辩士也。彼一见秦王，必夺君位。"雎曰："百家之说，吾既知之，众口之辩，事皆摧之，是恶[⑥]能夺我位乎？"使人召泽，谓之曰："子宣言欲代我相，有之乎？"对曰："然。"即引商君、吴起、大夫种之事。雎知泽欲困己以说，谬曰："杀身成名，何为不可？"泽以身名俱全之说诱之，极之以闳夭[⑦]、周公之忠圣。今秦王不倍功臣，不若秦孝公、楚越王，雎之功不若三子，劝其归相印以让贤。雎竦然失其宿怒，忘其故辩，敬受命，延入为上客。卒之代为秦相者泽也。

秦始皇迁其母，下令曰："敢以太后事谏者杀之。"死者二十七人矣。茅焦请谏，王召镬将烹之。焦数以桀、纣狂悖之行，言未绝口，王母子如初。

吕甥之言出于义，左师之计伸于爱，蔡泽之说激于理，若茅焦者真所谓虎牙者矣。范雎亲困穰侯而夺其位，何遽[8]不如泽哉！彼此一时也。

|| 注释

①长安君：赵惠文王之子，被赵悼襄王封于饶地，孝成王时，当作人质被送到齐国。

②左师：战国时赵国有名无实的高级官员。

③触龙：也叫触詟，战国时赵国左师，有远见卓识。

④黑衣：代指王宫卫士。因古时王宫卫士都着黑衣。

⑤寤：省悟过来。

⑥恶：如何，怎么样。

⑦闳夭：西周开国功臣，与散宜生、太颠等齐名。西伯侯姬昌被纣囚禁，闳夭等设计用美色重赂，营救西伯侯脱险；后又佐武王灭商。

⑧遽：猝然，一下子。

||| 译文

韩非作《说难》，却死于劝谏君王而招致的灾难。看来规劝君主反招祸，自古如此。至于国君知道人家所要规劝的内容，接见他却不接纳他的意见，可是终究还是言听计从了，这又是变灾难而成可喜可贺的事了。秦穆公俘虏了晋惠公，晋国的阴饴甥前往秦国参加会盟，他将替晋国游说是毫无疑问的。秦穆公问："晋国和睦吗？"阴饴甥回答："不和睦。小人说一定要报仇，君子说一定要报答恩德。"秦穆公问："全国认为国君的前途将如何？"阴饴甥答："小人认为他不会被赦免，君子认为他一定会回来；把感恩变成怨恨，秦国是不会这样的。"秦国终于让晋惠公回到了晋国。

秦国攻打赵国，赵国向齐国请求援救。齐国提出要让赵太后的小儿子长安君做人质，赵太后不肯，说："有再说让长安君做人质的，老妇一定要向他脸上吐唾沫！"左师触龙表示希望晋见太后，太后气呼呼地请他进来，知道他必定是因为这件事而来的。左师从容落座，先询问太后身体有无病痛，接着请求让自己的小儿子当个宫廷黑衣卫士。太后问："男子汉也爱怜自己的小儿子吗？"触龙答："比女人们更爱怜。"后来话题涉及到太后的女儿燕后，接着又深入探讨赵王三代以下没有功绩而封侯的子子孙孙，灾祸涉及他们自身的情况。太后省悟之后，触龙就问："长安君凭什么把自己托身在赵国？"在这种情况下，太后说："任凭您支派他吧！"长安君于是被派出国去做人质。

范雎在秦国受到冷落，蔡泽来到秦国，让人公开讲一些激怒范雎的话，说："燕国来的客卿蔡泽是天下的善辩之士。他只要一见到秦王，一定会使范雎丧失相位。"范雎说："诸子百家的学说，我全都懂得；众人的论辩，我都挫败过他们，这样还怎么能使我失去相位呢？"让人召来蔡泽，问他："您扬言要取代我任相国，有这事吗？"蔡泽答道："是的。"接着又引据商鞅、吴起、大夫种（越国大夫文种）的事例。范雎知道蔡泽要用游说之词难为自己，故意心口不一地说："牺牲性命，成就名声，为什么不可以？"蔡泽拿生命、名声都要保全的道理诱导他，以闳夭、周公的忠贞圣明为他树立榜样。忠告他当今秦王并不加倍优遇功臣，不像秦孝公、楚越王那样，你范雎的功劳也比不上商鞅等三人。蔡泽规劝他归还相印，把相位让给贤者。范雎对蔡泽肃然起敬，抛却了原先的恼怒，失去了原有的辩才，恭恭敬敬听他的意见，把他请到家中待如上宾。最终取代范雎做了秦相的就是蔡泽。

秦始皇（统一前为秦王时，生母曾助人发动叛乱）把母亲放逐出秦都，下令说："有敢拿太后的事来劝谏的，杀无赦！"为这件事而死的人已经二十七人。茅焦请求入宫劝谏，秦王让人抬来大锅准备煮死他。茅焦借夏桀、殷纣狂乱背理的行为来责备秦王，话还未说完，秦王母子就和好如初了。

吕甥（阴饴甥）的言论出自于正义，左师的计谋发挥于爱心，蔡泽的劝说激发于情理，至于茅焦，真是所谓老虎嘴里拔牙的人了。范雎曾使擅权三十余年的秦昭王的舅父穰侯遭受困厄，从而夺取了他的相位，为什么一下子就不如蔡泽了呢？这就叫此一时彼一时啊！

萧房知人

| 原文

汉祖至南郑，韩信亡去[①]，萧何自追之。上[②]骂曰："诸将亡者以十数，公无所追；追信，诈[③]也。"何曰："诸将易得，至如信，国士无双，必欲争天下，非信无可与计事者。"乃拜信大将，遂成汉业。唐太宗为秦王时，府属[④]多外迁，王患之[⑤]。房乔曰："去者虽多不足吝，杜如晦[⑥]王佐才也，王必欲经营四方，舍如晦无共功者。"乃表留幕府，遂为名相。二人之去留，系兴替治乱如此，萧、房之知人，所以为莫及也。樊哙从高祖起[⑦]丰、沛，劝霸上之还，解鸿门之厄，功亦不细矣，而韩信羞与为伍。唐俭赞太宗建大策，发蒲津之谋，定突厥之计，非庸臣也，而李靖[⑧]以为不足惜。盖以信、靖而视哙、俭，犹熊罴[⑨]之与狸狌耳。帝王之功，非一士之略，必待将如韩信，相如杜公，而后用之，不亦难乎！惟能置萧、房于帷幄中，拔茅汇进，则珠玉无胫而至矣。

|| 注释

①亡去：逃走。

②上：汉高祖刘邦。

③诈：欺骗，诓骗。

④府属：府中幕僚臣属。

⑤患之：以之为患。

⑥杜如晦：字克明，唐初名相。

⑦起：起事，兴兵。

⑧李靖：字药师，唐朝著名将领。

⑨熊罴：熊和罴。皆为猛兽。

译文

汉高祖刘邦行军到达南郑，韩信不辞而别，萧何亲自去追赶他。高祖骂萧何道："将领们逃跑了几十人，你都没有去追赶，说追赶韩信，是骗我的。"萧何说："将领不难找到，至于像韩信这样的人，是国之奇士，天下无二。您一定想要争夺天下，除了他再没有一起计议天下大事的人了。"于是高祖封授韩信为大将，终于完成汉室大业。唐太宗李世民为秦王时，幕府属吏很多外调任职，秦王为此忧虑。房乔（名玄龄）说："离去的人尽管不少，也不值得可惜，杜如晦是辅佐君王之才，大王想要经营天下大业，舍弃如晦就没有能共事的人了。"于是上疏请将杜如晦留在幕府中，如晦终成一代名相。韩、杜二人的去留，与兴衰治乱的关系密切到这种程度，萧、房二人的善于发现人才，是无人能比得上的。樊哙跟随高祖在丰、沛起兵，攻占咸阳后劝高祖还军霸上，鸿门宴上解除高祖困厄使之脱险，功劳也不算小了，可是韩信把自己与樊哙身份同等看作是羞辱。唐俭帮助高祖、太宗下决心灭隋建唐，在蒲津揭发孤独怀恩发动叛乱的阴谋，帮太宗制定诱降突厥的办法，不能说是平庸之臣，可是李靖认为失去他也不值得惋惜。在韩信和李靖看来，樊哙、唐俭，也不过是拿熊罴比狸猫而已。创建帝王之业，绝非个别谋士的谋略可成，一定要等到有了韩信那样的大将、杜如晦那样的贤相，然后才加重用，岂不太难了吗？只要能把萧何、房玄龄一类人安排到帐下，选贤进能，那么，珍珠宝玉般珍贵的人才就会不请自至了。

卷十四

汉祖三诈

|原文

汉高祖用韩信为大将，而三以诈临[①]之：信既定赵，高祖自成皋度河[②]，晨自称汉使驰入信壁[③]，信未起，即其卧[④]，夺其印符[⑤]，麾召诸将易置[⑥]之；项羽死，则又袭夺其军；卒[⑦]之伪游云梦而缚信。夫以豁达大度开基[⑧]之主，所行乃如是，信之终于谋逆[⑨]，盖有以启之矣。

||注释

①临：对付。

②河：黄河。

③壁：营垒，军营。

④即其卧：进入他的卧室。

⑤印符：帅印符节。

⑥置：处置。

⑦卒：最后。

⑧开基：开创基业，代指开国。

⑨谋逆：图谋叛乱。

|||译文

汉高祖任用韩信作为大将，却三次用诈术对付他：韩信平定赵地之后，高祖从成皋渡过黄河，一大早自称汉王使节飞马驰入韩信军营，韩信尚未起床，进入他的卧室收取他的印信符节，用大将的旗帜召来将领们，改变了他们的职位；项羽死后，再次用突然袭击的方式收取韩信的军权；最后假托巡游云梦而捉拿了韩信。凭着一个豁达大度的开国君主的身份，所作所为竟然如此。韩信终于图谋叛乱，看来萌生这种念头是有原因的。

有心避祸

| 原文

有心于避祸，不若无心于任运①，然有不可一概论者。董卓盗执国柄②，筑坞③于郿，积谷为三十年储，自云："事不成，守此足以毕老。"殊不知一败则扫地，岂容老于坞耶？公孙瓒④据幽州，筑京于易地，以铁为门，楼橹⑤千重，积谷三百万斛，以为足以待天下之变，殊不知梯冲舞于楼上，城岂可保邪？曹爽⑥为司马懿所奏，桓范⑦劝使举兵，爽不从，曰："我不失作富家翁。"不知诛灭在旦暮耳，富可复得邪？张华⑧相晋，当贾后⑨之难不能退，少子以中台星坼⑩，劝其逊位，华不从，曰："天道玄远，不如静以待之。"竟为赵王伦⑪所害。方事势不容发，而欲以静待，又可蚩也。他人无足言，华博物有识，亦闇⑫于几事如此哉！

|| 注释

①任运：听凭命运安排。

②盗执国柄：窃取国家大权。

③坞：城堡。

④公孙瓒：字伯圭，西汉辽西人，勇猛好战。

⑤楼橹：城楼。

⑥曹爽：字昭伯，沛国谯县人，曹操侄孙。

⑦桓范：字元则，为人颇有见识。三国时期曹魏大臣、文学家、画家。

⑧张华：字茂先，西晋文学家、政治家。

⑨贾后：贾南风，西晋晋惠帝的皇后，又称惠贾皇后。

⑩坼：裂开。

⑪赵王伦：赵王司马伦。字子彝，晋宣帝司马懿第九子，西晋八王

之乱其一王。

⑫闇：昧暗，糊涂。

||| 译文

为躲避灾祸大动脑筋，倒不如漫不经心地听凭命运安排，不过也有不能一概而论的情况。董卓盗掌国务大权，在郿（今陕西眉县东北）修筑号称“万岁坞”的城堡，积储了足用三十年的粮食，自称：“大事不成，守着这座城堡，也完全可以终生到老。”殊不知，一朝中计被杀，其财产即刻扫荡净尽，哪里容他老死在郿坞？公孙瓒占据幽州，在易（今河北雄县西北）修筑高丘，人称易京，用铁造门，高台望楼千层，积存粮食三百万斛，以为足以应付天下之变，殊不知袁绍的云梯、冲车舞动在楼前，坚城怎能保守得住呢？曹爽被司马懿弹劾，桓范鼓动他发动兵变，曹爽不听，说：“我即使不行还可做个大富翁嘛。”岂不知满门抄斩就在眼前，富翁还能当得成吗？张华辅佐西晋任司空，当贾后在宫廷发动事变时不能辞官避祸，小儿子张韪因中台星分裂，劝他让出官位，他不听，说：“天象的规律玄奥深远，不如静心等待。”终于被赵王司马伦所害。当情势万分紧迫时，却想静心等待，太可笑了。别人不必说，张华学识渊博，也对机密之事糊涂到这种程度吗？

士之处世

| 原文

士[①]之处世，视富贵利禄，当如优伶之为[②]参军，方其据几[③]正坐，噫呜诃箠，群优拱而听命，戏罢则亦已矣。见纷华盛丽，当如老人之抚节物[④]，以上元、清明言之，方少年壮盛，昼夜出游，若恐不暇，灯收花暮[⑤]，辄怅然移日[⑥]不能忘，老人则不然，未尝置欣戚[⑦]于胸中也。睹金珠珍玩，当如小儿之弄戏剧[⑧]，方杂然前陈，疑若可悦，即委之以去，了无恋想。遭横逆机阱，当如醉人之受骂辱，耳无所闻，目无所见，酒醒之后，所以为我者自若也，何所加损哉？

注释

①士：士子，读书人。

②为：扮演。

③几：几案。

④节物：应节的景物。

⑤暮：凋零，垂暮。

⑥移日：移动日影。指不算短的一段时间。

⑦欣戚：欢乐与悲戚。

⑧戏剧：游戏闹剧。

译文

读书人为人处世、看待富贵利禄，应像戏剧演员扮演军官。当他身凭几案、正襟危坐，哇哇啦啦发号施令时，众演员拱手而立听从他的命令，一出戏演完，一切也就结束了。见到豪华艳丽的场面，就如同老年人对待应时节的景物。拿上元、清明节来说，正当年轻力壮的人，昼夜出游，似乎唯恐时间不足；彩灯收了，鲜花凋零，就一副懊恼的样子，长时间不能忘怀。老年人则不然，不曾把欣喜、忧戚一直放在心上。而对黄金、珠宝、珍贵器物，应当如同儿童做游戏，当那些东西杂乱摆在面前时，看似喜欢的样子，倘若丢下它走开，一点也不留恋。遇上强暴无理、设计陷害的事，应当如同醉酒之人遭受辱骂，支着耳朵什么也没听到，睁着眼睛什么都没看见，酒醒之后，我还是原来那副老样子，又有什么损害呢？

卷十五

苏子由诗

| 原文

苏子由《南窗》诗云："京城三日雪，雪尽泥方深。闭门谢还往，不闻车马音。西斋书帙乱，南窗朝日升。展转守床榻，欲起复不能。开户失琼玉，满阶松竹阴。故人远方来，疑我何苦心。疏拙自当尔，有酒聊共斟[①]。"此其少年时所作也。东坡好书之，以为人间当有数百本，盖闲淡简远，得味外之味云。

|| 注释

①斟：喝酒，品酒。

||| 译文

苏辙在《南窗》诗中写道："京城三日雪，雪尽泥方深。闭门谢还往，不闻车马音。西斋书帙乱，南窗朝日升。展转守床榻，欲起复不能。开户失琼玉，满阶松竹阴。故人远方来，疑我何苦心。疏拙自当尔，有酒聊共斟。"这是他少年时代的作品。苏东坡很喜欢这首诗，认为在人世间应当有几百本流传，因为它风格闲淡简远，有种超越语言文字的情味包含其中。

孔氏野史

| 原文

世传孔毅甫《野史》一卷，凡四十事，予得其书于清江刘靖之所，载赵清献为青城宰，挈散乐妓以归，为邑尉追还，大恸且怒。又因与妻忿争，由此惑志。文潞公守太原，辟司马温公为通判，夫人生日，温公献小词，为都漕唐子方峻责。欧阳永叔、谢希深、田元均、尹师鲁在河南[①]，携官妓游龙门，半月不返，留守钱思公作简招之，亦不答。范文正与京东人石曼卿、刘潜之类相结以取名，服中上万言书，甚非言不文之义。苏子瞻被命作《储祥宫记》，大貂陈衍幹当宫事，得旨置酒与苏高会，苏阴使人发，御史董敦逸即有章疏，遂堕计中。又云子瞻四六表章不成文字。其它如潞公、范忠宣、吕汲公、吴冲卿、傅献简诸公，皆不免讥议。予谓决非毅甫所作，盖魏泰《碧云騢》之流耳。温公自用庞颍公辟，不与潞公、子方同时，其谬妄不待攻也。靖之乃原甫曾孙，佳士也，而跋是书云："孔氏兄弟，曾大父行也，思其人欲闻其言久矣，故录而藏之。"汪圣锡亦书其后，但记上官彦衡一事，岂弗深考云。

注释

①河南：指黄河以南的地方。

译文

社会上流传孔毅甫《野史》一卷，共记录了四十件事，我从清江县的刘靖之那儿得到了这部书。其中记载赵清献任青城县令的时候，曾带一名民间的乐妓回家，被县尉追上，要回了乐妓，因而大哭大闹，又因迁怒和妻子闹矛盾，由此失掉了自己的志向抱负。文潞公做太原太守时，曾任用司马温公为通判，文彦博的夫人生日时，温公曾进献小词祝寿，受到都漕唐子方的严厉斥责。欧阳永叔、谢希深、田元均、尹师鲁这些人在河南府治所洛阳时，曾经携同官妓游览龙门，半个月还不回来，河南留守官员钱思公写信请他们回来，也毫不加理睬。范仲淹和京东人石曼卿、刘潜之流互相结交以博取浮名，服丧期间上万言书，与服丧期间上书出言不要文采的规则极为不符。苏轼受命创作《储祥宫记》，大太监陈衍管理宫廷事务，得到皇上的旨意设酒席同苏轼畅饮，苏暗地叫人告发此事，认为不符合礼制，于是御史董敦逸就上了弹劾的奏章，刚好落入陈衍设计好的圈套。还说苏轼用四六文写的表章不成体统。别的如潞公、范忠宣、吕汲公、吴冲卿、傅献简等人，也都不免受其连累。我认为这决非孔毅甫所写的，大抵属于魏泰的《碧云騢》之类的东西。温公自己因为庞颖的举荐而被征辟入朝，跟文潞公、唐子方并不是同时的，其荒谬就不言自明了。刘靖之作为刘原甫的曾孙，是品学兼优的读书人，可是为这部书所写的跋语却说："孔氏兄弟和我的曾祖父同辈，怀念他们的为人就想听到言论，已经有很长时间了，所以把它抄录下来加以保存。"汪圣锡也在书的后面写了跋语，只是记录了上官彦衡的一件事，难道他们没有仔细看过这本书的内容吗？

张子韶祭文

| 原文

先公自岭外徙宜春，没于保昌，道出南安，时犹未闻桧相之死。张子韶先生来致祭，其文但云："维某年月日具官某，谨以清酌之奠昭告于某官之灵，呜呼哀哉，伏惟尚飨[①]！"其情旨哀怆，乃过于词，前人未有此格也。

|| 注释

①伏惟尚飨：悼词常用语。

||| 译文

先父在从岭南调动到宜春去的时候，逝世于保昌，家人扶柩途经南安，当时还没听说奸相秦桧已死的消息。张子韶先生来吊祭，他的祭文只是说："某年某月某日具位之官某某，恭谨地在此地以清酒作为祭奠，敬告某官在天之灵，呜呼哀哉，伏惟尚飨！"他的情意极为哀痛，以致超过了文辞的表达。从前的祭文还没有见到过这种格式。

容斋续笔

卷　一

戒石铭

原文

“尔俸尔禄，民膏民脂。下民易虐，上天难欺。”太宗皇帝书此，以赐郡国，立于听事之南，谓之《戒石铭》。案，成都人景焕，有《野人闲话》一书，乾德三年所作，其首篇《颁令箴》，载蜀王孟昶为文颁诸邑云：“朕念[①]赤子，旰食宵衣[②]。言之令长，抚养惠绥[③]。政存三异[④]，道在七丝[⑤]。驱鸡为理，留犊为规。宽猛得所，风俗可移[⑥]。无令侵削，无使疮痍。下民易虐，上天难欺。赋舆是切，军国是资[⑦]。朕之赏罚，固不逾时。尔俸尔禄，民膏民脂。为民父母，莫不仁慈。勉尔为戒[⑧]，体朕深思。”凡二十四句。昶区区爱民之心，在五季诸僭伪[⑨]之君为可称也，但语言皆不工，唯经表出者，词简理尽，遂成王言，盖诗家所谓夺胎换骨法也。

注释

①念：关心，想念。

②旰食宵衣：天很晚才吃饭，天不亮就穿衣起床。形容勤于政务。

③惠绥：安抚。

④政存三异：处理政务要达到三种奇迹出现，即蝗虫不入境内，鸟

兽也知礼仪教化，儿童也明了仁厚之心。

⑤道在七丝：治理地方如同拨弦弄琴一样。七丝，古琴的七根弦，也借指七弦琴。

⑥宽猛得所，风俗可移：处理政事要松紧适当，这样才能移风易俗。

⑦赋舆是切，军国是资：田赋收入是国家切身要事，军队和政府都要靠这些来养活。

⑧勉尔为戒：劝导你们要以此为戒。

⑨僭伪：割据一方的非正统的王朝政权。五代十国时，群雄并起，大多文人都认为这些政权不是正统皇室，所以称之为僭伪。

||| 译文

"你们做官得的薪俸，都是人民的血汗膏脂。虽然百姓容易虐待，上天却难欺骗。"宋太宗写了这四句，颁发给各地方官员，立碑在公堂南面，称作《戒石铭》。据记载，过去成都人景焕，著有《野人闲话》一书，是宋太祖乾德三年时作的。此书第一篇名《颁令箴》，记载了后蜀国主孟昶曾作文颁给各地方长官，说："寡人十分关心百姓，他们很晚才吃饭，天不明就起床。所以才给你们讲这番话，希望你们爱护黎民百姓。治理地方要达到蝗虫不入境、鸟兽懂礼仪、儿童有仁心这三种异事出现，而达到圣人之治，关键还在于地方官们如弹琴一样，把政务调理得好。要像驱鸡那样恰到好处，为政清廉的法规决不能荒废。政治要宽猛适当，才能移风易俗扶植正气。不能让百姓利益受到侵害，不能使百姓生活受到破坏。当官的虐待百姓很容易，可是上天却难被你们欺瞒。田赋收入是国家的切身要事，军队和政府都是靠百姓养活的。寡人对你们的赏罚，是决不会拖延时间的。你们做官所得的薪俸，都是人民的血汗膏脂。凡当百姓父母官的，没有不懂得对百姓仁慈的。希望你们都要以此为戒，要很好地体会寡人这个意思。"共写了二十四句。孟昶这一点爱护百姓的心思，在五代十国那些割据地方，称王道霸的君主里面，可以算是比较好的了。但他这篇文章语言不精炼，唯有从中归纳出来的四句，言辞简要，道理尽说，遂成为宋太宗的不朽名言。这种归纳法，就是诗人们常用的脱胎换骨的写作方法呀！

李建州

| 原文

建安城东二十里，有梨山庙，相传为唐刺史李公祠。予守郡日[①]，因作祝文，曰："亟回哀眷。"书吏持白"回"字犯相公名[②]，请改之，盖以为李回也。后读《文艺·李频传》，懿宗时，频为建州刺史，以礼法治下。时朝政乱，盗兴，相椎敚，而建赖频以安。卒官下[③]，州为立庙梨山，岁祠之[④]，乃证其为频。继往祷而祝之，云俟获感应，则当刻石纪实。已而得雨，遂为作碑。偶阅唐末人石文德所著《唐朝新纂》一书，正纪频事，云除建州牧，卒于郡。曹松有诗悼之，曰："出旌临建水，谢世在公堂。苦集休藏箧[⑤]，清资罢转郎。瘴中无子奠，岭外一妻孀。恐是浮吟骨，东归就故乡。"其身后事落拓如此。《传》又云："频丧归寿昌，父老相与扶柩葬之。天下乱，盗发其冢，县人随加封掩。"则无后可见云。《稽神录》载一事，亦以为回，徐铉失于不审[⑥]也。

|| 注释

①予守郡日：我在这里担任太守的时候。

②犯相公名：和相公（李刺史）的名字相同，犯了忌讳。

③卒官下：死在任上。

④岁祠之：每年都去祭拜他。

⑤箧：箱子。

⑥审：考证，查究。

||| 译文

福建建安郡城东二十里，有座梨山庙，相传是唐朝一个姓李的刺史的祠庙。我在这里担任太守的时候，曾写了祝文去祭祀他。文中有"亟回哀眷"一句，办事的书吏说这个"回"字犯了李刺史的讳，请我改一下，这是因为他以为李刺史就是李回。后来，我读了《唐书》中的《文艺·李频传》，其中记有唐懿宗时李频担任建州刺史，用礼法治理地方的事情。当时朝政混乱，到处有盗贼杀人抢劫，而建州独因有李频在而十分安定。后来李频死在任上，建州百姓为纪念他建庙于梨山，每年都要去祭祀。这就证明了是李频的祭庙。以后我又再次去祈祷并许愿说，如果能得到灵验，一定要刻块石碑把他的事迹记下来。不久，果然下了一场雨，遂给他立了一块碑。后来偶然看到唐末人石文德所著《唐朝新纂》一书，正好记载有李频的事。书上说，李频担任建州太守，死在任上。曹松曾经写了一首诗悼念他，说："摆着仪仗到建水做官，却死在任上。辛苦吟成的诗集不要埋没在箧中，清贫无钱从此不必再为升迁发愁。在这烟瘴的地方竟没有一个儿子送终，遥远的岭外只留下一个可怜的遗孀。恐怕你只能怀着苦吟的灵魂，往东去飞回故乡。"他死后的事竟然穷困潦倒到这种地步。他的传记里又说："李频去世后送回故乡寿昌（今浙江建德南）时，是由故乡父老乡亲把他的灵柩安葬入土的。后来天下大乱，有盗墓的把他的坟挖了，县里人又将其封掩起来。"这样，可见李频确是没有后代的。宋朝的《稽神录》也载了这件事，亦当成了李回，是因其作者徐铉没有很好地考证而造成的错误。

存亡大计

原文

国家大策，系于安危存亡，方变故交切，幸而有智者陈至当之谋[①]，其听而行之，当如捧漏瓮以沃焦釜[②]。而愚荒之主，暗于事几[③]，且惑于谀佞孱懦者之言，不旋踵而受其祸败，自古非一也。曹操自将征刘备，田丰劝袁绍袭其后，绍辞以子疾不行。操征乌桓，刘备说刘表袭许，表不能用，后皆为操所灭。唐兵征王世充于洛阳，窦建德自河北来救，太宗屯虎牢以扼之，建德不得进，其臣凌敬请悉兵济河，攻取怀州、河阳，逾太行，入上党，徇汾、晋，趣蒲津，蹈无人之境，取胜可以万全，关中骇震，则郑围自解。诸将曰："凌敬书生，何为知战事，其言岂可用？"建德乃谢[④]敬。其妻曹氏，又劝令乘唐国之虚，连营渐进，以取山北，西抄关中，唐必还师自救，郑围何忧不解。建德亦不从，引众合战，身为人擒，国随以灭。唐庄宗既[⑤]取河北，屯兵朝城，梁之君臣，谋数道大举，令董璋引陕、虢、泽、潞之兵趣太原，霍彦威以汝、洛之兵寇镇定，王彦章以禁军攻郓州，段凝以大军当庄宗。庄宗闻之，深以为忧。而段凝不能临机决策，梁主又无断，遂以致亡。石敬瑭以河东叛，耶律德光赴救，败唐兵而围之[⑥]，废帝问策于群臣。时德光兄赞华，因争国之故，亡归在唐，吏部侍郎龙敏请立为契丹主，令天雄、卢龙二镇分兵送之，自幽州趣西楼，朝廷露[⑦]檄言之，虏必有内顾之虑，然后选募精锐以击之，此解围一策也，帝深以为然。而执政恐其无成，议竟不决，唐遂以亡。皇家靖康之难，胡骑犯阙[⑧]，孤军深入，后无重援，亦有出奇计乞用师捣燕者。天未悔祸，噬齐弗及[⑨]，可胜叹哉！

|| 注释

①陈至当之谋：陈述正确的谋略。

②捧漏瓮以沃焦釜：捧着漏了的水瓮去浇烧焦的锅，喻虽形势危急，但仍能缓解。釜，烧饭的锅。

③暗于事几：看不清事情的全貌。

④谢：谢绝，拒绝。

⑤既：已经。

⑥败唐兵而围之：打败了前来的唐军，并将其包围起来。

⑦露：出示，张贴。

⑧胡骑犯阙：金兵侵犯都城。

⑨噬齐弗及：若不早作打算，以后就会像咬自己的肚脐而够不着一样没有办法了。比喻后悔莫及。

||| 译文

国家的重要决策，关系到安危存亡。当各种变故交织在一起时，幸而有聪明的人提出正确的谋略，听从他们的话去实行，好比捧着漏的瓮去浇烧焦的锅一样可救急。而愚昧的君主，看不清全局形势，而且容易被谄媚小人的话迷惑，这样的人必然很快就会垮台，自古以来这样的例子不止一个了。三国时期曹操曾亲自领兵去征伐刘备，田丰劝袁绍趁机袭击曹操的后方，袁绍借口儿子有病而不出兵。曹操领兵去攻打北方的乌桓，刘备劝说刘表趁机从南方袭击曹操的后方许都（今河南许昌），刘表没有采纳他的建议，结果袁绍、刘表都先后被操所灭。唐朝时，唐兵去洛阳攻打郑国的王世充，窦建德从河北出兵来救援，唐太宗李世民把军队屯于虎牢关来阻挡，窦建德攻打不进，他的部下凌敬献计让建德把兵渡过黄河，占领怀州、河阳（今河南沁阳、孟州），再翻过太行山，进入山西上党（今山西长治）境内，沿汾水、晋州（今山西临汾）直指蒲津关（今山西永济西），这一段路没有唐兵，必然如入无人之境，是取胜的万全之策，使关中地区（今陕西西安一带）震动，洛阳之围就可以解了。可是，建德部下将军们却说："凌敬不过是个书生，懂得什么军事，他的话怎能采用？"建德便谢绝了凌敬的建议。建德的妻子曹氏，又劝他趁唐国后方空虚，集中兵力，稳扎稳打，夺取山北地方，再向西包抄关中，唐兵必然要回来救援，郑国的包围便自然而解。建德仍未听从，而领兵与唐兵进行硬拼，结果被唐兵活捉，他的国家也随之灭亡。五代的后唐庄宗占领河北地方后，屯兵于朝城，梁国君臣商议，决定分兵几路大举进攻，让董璋领陕州（今河南三门峡陕州区）、虢州（今河南灵宝）、泽州（今山西晋城）、潞州（今山西长治）四州之兵攻打太原，霍彦威领汝州和洛阳的兵攻打镇定（今河北石家庄一带），王彦章领禁军攻郓州（今山东郓城），而以招讨使段凝统率主力去抵挡唐庄宗。庄宗得知这消息，十分担忧，但是由于段凝不能当机决策，梁国国君又优柔寡断，拖延不出兵，结果导致灭亡。后唐的河东节度使石敬瑭叛乱，契丹部落的领袖耶律德光领兵去救援他，打败了来征伐的唐兵，并把唐兵包围起来。后唐废帝听到这消息，向群臣征求对策。当时德光的哥哥耶律赞华，因和德光争夺王位失败，逃亡在后唐，吏部侍郎龙敏便请求策立赞华为契丹国王，让天雄、卢龙两镇（辖今河北大名至北京以北一带）节度使派兵送他回国即位，经幽州（今北京西南）直往西楼（今内蒙古林西），朝廷再出檄文通告这项决定。契丹必然担心国内争位乱起，军心动摇，这时再派精兵去袭击他，这是解围的一个方法。废帝也觉得是个好办法。可是执政的大臣怕没有把握，迟疑不决而失去时机，后唐也因此而亡国了。我们大宋经历靖康之难，金国的兵侵犯国都东京（今河南开封），孤军深入，无有力的后援，当时亦有人献出奇计，请派精锐兵力趁机直捣金国后方的幽燕地区。大概是老天有意给大宋降下灾祸，而此计没被采用，以致后来后悔也来不及了，真是可叹啊！

卷　二

岁旦饮酒

| 原文

今人元日[①]饮屠苏酒，自小者起，相传已久，然固有来处。后汉李膺、杜密以党人同系狱，值元日，于狱中饮酒，曰："正旦从小起。"《时镜新书》晋董勋云："正旦饮酒，先饮小者，何也？勋曰：'俗以小者得岁，故先酒贺之，老者失时，故后饮酒。'"《初学记》载《四民月令》云："正旦进酒次第，当从小起，以年小者起先。"唐刘梦得、白乐天元日举酒赋诗，刘云："与君同甲子[②]，寿酒让先杯。"白云："与君同甲子，岁酒合谁先。"白又有《岁假内命酒》一篇云："岁酒先拈辞不得，被君推作少年人。"顾况云："不觉老将春共至，更悲携手几人全。还丹寂寞羞明镜，手把屠苏让少年。"裴夷直云："自知年几偏应少，先把屠苏不让春。傥更数年逢此日，还应惆怅羡他人。"成文幹云："戴星先捧祝尧觞，镜里堪惊两鬓霜。好是灯前偷失笑，屠傥应不得先尝。"方干云："才酌屠苏定年齿，坐中皆笑鬓毛斑。"然则尚矣。东坡亦云："但把穷愁博长健，不辞最后饮屠酥。"其义亦然。

|| 注释

①元日：正月初一。

②同甲子：同岁。

||| 译文

现在人于正月初一都要喝屠苏酒，由年纪小的人先喝，相传已很久了，这是有它的来源的。后汉时李膺、杜密以同属党人被囚禁在监狱中，逢元旦，在狱中喝酒，说："过元旦要从年小的先喝。"《时镜新书》里记载晋朝时董勋的话："元旦时饮酒先从年纪小的开始，这是为什么？董勋说：'旧时风俗以年纪小的，还有很多年可以过，所以先饮酒，以表示对他的祝贺；老年的，已失去很多岁月，所以后饮酒。'"《初学记》转引的《四民月令》说："元旦饮酒，当从小起，从年小的人开始先喝。"唐朝刘禹锡、白居易在元旦饮酒吟诗，刘说："和你年岁相同，寿酒请你先喝。"白说："和你年岁相同，寿酒该谁先喝？"白居易又有《岁假内命酒》一首诗说："岁酒先拈辞不得，被君推作少年人。"顾况诗里说："不觉老将春共至，更悲携手几人全。还丹寂寞羞明镜，手把屠苏让少年。"裴夷直诗里说："自知年几偏应少，先把屠苏不让春。傥更数年逢此日，还应惆怅羡他人。"成文斡诗里说："戴星先捧祝尧觞，镜里堪惊两鬓霜。好是灯前偷失笑，屠傥应不得先尝。"方干的诗里说："才酉屠苏定年齿，坐中皆笑鬓毛斑。"这些诗都可以看出元旦饮屠苏酒的风俗。苏东坡诗里亦说："但把穷愁博长健，不辞最后饮屠酥。"其意思也是一样的。

存殁绝句

| 原文

杜子美有《存殁》绝句二首云："席谦不见近弹棋，毕曜仍传旧小诗。玉局[①]他年无限笑，白杨今日几人悲[②]。""郑公粉绘随长夜，曹霸丹青已白头[③]。天下何曾有山水，人间不解重骅骝[④]。"每篇一存一没。盖席谦、曹霸存，毕、郑殁也。黄鲁直《荆江亭即事》十首，其一云："闭门觅句陈无己，对客挥毫秦少游。正字[⑤]不知温饱未，西风吹泪古藤州。"乃用此体。时少游殁而无已存也。近岁新安胡仔著《渔隐丛话》[⑥]，谓鲁直以今时人形入诗句，盖取法于少陵，遂引此句，实失于详究云。

|| 注释

①玉局：白玉的棋盘。

②白杨今日几人悲：迎风招展的白杨树今天又响起多少人的悲鸣声。

③郑公粉绘随长夜，曹霸丹青已白头：郑虔的绘画已随着漫长的黑夜逝去，曹霸的绘画随着时间已华发满生。

④骅骝（huá liú）：周穆王八骏出游时其中之一。后泛指骏马。

⑤正字：陈无已的官职名。

⑥《渔隐丛话》：诗话集，南宋胡仔编著。此书分《前集》六十卷，《后集》四十卷。所收诗话，评论对象上起春秋，下至南宋初。以人为纲，按年代先后排列。

||| 译文

杜甫作有《存殁》绝句二首说："席谦不见近弹棋，毕曜仍传旧小诗。玉局他年无限笑，白杨今日几人悲。""郑公粉绘随长夜，曹霸丹青已白头。天下何曾有山水，人间不解重骅骝。"每篇写一个在世的人和一个去世的人。席谦、曹霸仍活着，毕曜、郑虔已故。黄庭坚的《荆江亭即事》诗十首，其一首中说："闭门觅句陈无已，对客挥毫秦少游。正字不知温饱未，西风吹泪古藤州。"也是用这种写法。当时少游已死而无已还在世。近年来，新安（今安徽绩溪）胡仔著有《苕溪渔隐丛话》，谓黄庭坚是以现代在世人的形象写诗句，是模仿杜甫的手法，才写出这样的诗句，其实胡仔未能深入考究以致弄错了。

卷 三

太史慈

| 原文

三国当汉、魏之际，英雄虎争，一时豪杰志义之士，礌礌落落，皆非后人所能冀[①]，然太史慈者尤为可称。慈少仕东莱本郡，为奏曹吏，郡与州有隙，州章劾之，慈以计败其章，而郡得直[②]。孔融在北海为贼所围，慈为求救于平原，突围直出，竟得兵解融之难[③]。后刘繇为扬州刺史，慈往见之，会孙策至，或劝繇以慈为大将军。繇曰："我若用子义，许子将不当笑我邪？"但使慈侦视轻重，独与一骑，卒遇策，便前斗，正与策对[④]，得其兜鍪。及繇奔[⑤]豫章，慈为策所执，捉其手曰："宁识神亭时邪？"又称其烈义，为天下智士，释缚用之[⑥]，命抚安繇之子，经理其家[⑦]。孙权代策，使为建昌都尉，遂委以南方之事，督治[⑧]海昏。至卒时，才年四十一，葬于新吴，今洪府奉新县也，邑人立庙敬事。乾道中封灵惠侯，予在西掖[⑨]当制，其词云："神蚤赴孔融，雅谓青州之烈士。晚从孙策，遂为吴国之信臣。立庙至今，作民司命[⑩]。一同之言状，择二美以建侯，庶几江表之间，尚忆神亭之事。"盖为是也。

|| 注释

①冀：比较。

②而郡得直：这样郡守的冤屈才得以澄清。

③"孔融"四句：孔融在北海郡当太守时被贼寇包围，太史慈为他到平原（今属山东）求救兵，单身冲出包围，终于搬来刘备的兵马，解了孔融的围困。

④正与策对：与孙策恶斗一场。

⑤奔：奔逃。

⑥释缚用之：为太史慈松绑，并任命他为大将。

⑦经理其家：安排好他家人的生活。

⑧督治：督率治理。

⑨西掖：中书或中书省。

⑩作民司命：被人们尊敬地奉养。

||| 译文

三国时正当汉、魏两朝交替，英雄龙争虎斗，一时有志气的豪杰们，群雄并起，都是后人比不上的，至于太史慈这人，则尤其应当称颂。他年轻时在其故乡东莱郡（今山东半岛一带）担任奏曹吏，郡守和州官有矛盾，州官上奏章弹劾郡守，太史慈用计破坏了他的诬告，郡守的冤屈才获得澄清。孔融在北海（今山东寿光东南）郡当太守时被贼寇包围，太史慈为他到平原（今属山东）求救兵，单身冲出包围，终于搬来刘备的兵马，解了孔融的围。后来刘繇当扬州刺史时，太史慈去求见，正好孙策领兵来攻扬州，有人劝刘繇任命太史慈为大将军，抗拒孙策，刘繇觉得太史慈资历太低，便说："我如果用子义（太史慈字）为将，恐怕许子将要笑话我部下无能人。"于是仅派太史慈一人一马去前方侦察孙策军队的轻重，在神亭的地方与孙策相遇，双方便打起来，与孙策恶斗一场，夺得孙策的头盔回来。后来刘繇失败逃往豫章（今江西南昌），太史慈被孙策擒获，孙策握着他的手说："还记得咱二人在神亭时那场恶斗吗？"又称赞太史慈忠义勇烈，是当今天下有才能的人，便为太史慈松绑，任用他为将，并让太史慈去安抚刘繇的儿子，安排好刘繇家属的生活。孙权代替孙策在东吴执政后，任使太史慈为建昌（今江西奉新）都尉，遂委派他管理吴国南方的军政事务，设衙门于海昏（今江西永修）。到他去世时，年仅四十一岁，葬他于新吴，这就是现在洪府奉新县，当地的人给他盖了庙来祭祀他。宋孝宗乾道年间，皇帝又下诏封太史慈为灵惠侯，我当时在朝廷西宫门的办公处担任起草文告的官职，写了祭太史慈庙的祭词，说："太史慈早年营救孔融，被誉为青州之烈士。晚年随从孙策，成为吴国之信臣。自从建庙祭祀到现在，为人们所尊奉。总揽所言之情状，用封侯建庙二件美善的事来敬奉。为了使长江流域一带的百姓都记得在神亭大战的壮烈。"就是这个事。

诗文当句对

原文

唐人诗文，或于一句中自成对偶，谓之当句对。盖起于《楚辞》"蕙蒸兰藉""桂酒椒浆""桂棹兰枻""斫冰积雪"。自齐、梁以来，江文通[①]、庾子山[②]诸人亦如此。如王勃《宴滕王阁序》一篇皆然。谓若"襟[③]三江带五湖，控蛮荆引瓯越；龙光牛斗，徐孺陈蕃；腾蛟起凤，紫电青霜；鹤汀凫渚，桂殿兰宫，钟鸣鼎食之家，青雀黄龙之轴；落霞孤鹜，秋水长天；天高地迥，兴尽悲来；宇宙盈虚，丘墟已矣"之辞是也。于公异《破朱泚露布》亦然。如"尧、舜、禹、汤之德，统元立极之君；卧鼓偃旗，养威蓄锐；夹川陆而左旋右抽，抵丘陵而浸淫布濩；声塞宇宙，气雄钲鼓[④]；兕作威，风云动色；乘其跆藉[⑤]，取彼鲸鲵[⑥]；自卯及酉，来拒复攻；山倾河泄，霆斗雷驰；自北徂南，舆尸折首；左武右文，销锋铸镝"之辞是也。杜诗"小院回廊春寂寂，浴凫[⑦]飞鹭晚悠悠；清江锦石伤心丽，嫩蕊浓花满目斑；书签药裹封蛛网，野店山桥送马蹄；戎马不如归马逸，千家今有百家存；犬羊曾烂漫，宫阙尚萧条；蛟龙引子过，荷芰逐花低；干戈况复尘随眼，鬓发还应雪满头；百万传深入，寰区望匪他。象床玉手，万草千花；落絮游丝，随风照日；青袍白马，金谷铜驼；竹寒沙碧，菱刺藤梢；长年三老，掠[⑧]柂开头；门巷荆棘底，君臣豺虎边；养拙干戈，全生麋鹿；舍舟策马，拖玉腰金；高江急峡，翠木苍藤，古庙杉松，岁时伏腊，三分割据，万古云霄，伯仲之间，指挥若定，桃蹊李径，栀子红椒，庾信罗含，春来秋去，枫林橘树，复道重楼"之类，不可胜举。李义山[⑨]一诗，其题曰《当句有对》云："密迩平阳接上兰，秦楼鸳瓦汉宫盘。池光不定花光乱，日气初涵露气干。但觉游蜂饶舞蝶，岂知孤凤忆离鸾。三星自转三山远，紫府程遥碧落宽。”其他诗句中，如“青女素娥”对“月中霜里”；“黄叶风雨”对“青楼管弦”；“骨肉书题”对“慧兰蹊径”；“花须柳眼”对“紫蝶黄蜂”；“重吟细把”对“已落犹开”；“急鼓疏钟”对“休灯灭烛”；“江鱼朔雁”对“秦树嵩云”；“万户千门”对“风朝露夜”。如是者甚多。

‖注释

①江文通：江淹，字文通。南朝著名诗人。

②庾子山：即庾信，字子山。南北朝时期文学家。

③襟：连接。

④钲鼓：钲和鼓。古时行军或歌舞时用以指挥进退、动静的两种乐器。

⑤跆藉：践踏。

⑥鲸鲵：本指鲸鱼，此处代指凶恶的敌人。

⑦浴凫：在水中游的野鸭。

⑧捩（liè）：扭转。

⑨李义山：即李商隐，字义山。晚唐著名诗人。

‖译文

唐朝人的诗文，常有在一句当中自成对偶的，这叫作“当句对”。它是起于《楚辞》里的“蕙蒸兰藉”“桂酒椒浆”“桂棹兰枻”“斫冰积雪”这些句子。自南北朝以来，诗人江淹、庾信等人，亦是这样。再如唐朝王勃写的《宴滕王阁序》这篇文章中的“当句对”更多。像“襟三江带五湖，控蛮荆引瓯越；龙光牛斗，徐孺陈蕃；腾蛟起凤，紫电青霜；鹤汀凫渚，桂殿兰宫；钟鸣鼎食之家，青雀黄龙之轴；落霞孤鹜，秋水长天；天高地迥，兴尽悲来；宇宙盈虚，丘墟已矣”之辞是也。于公异《破朱泚露布》亦是这样。像“尧、舜、禹、汤之德，统元立极之君；卧鼓偃旗，养威蓄锐；夹川陆而左旋右抽，抵丘陵而浸淫布濩；声塞宇宙，气雄钲鼓；兕作威，风云动色；乘其跆藉，取彼鲸鲵；自卯及酉，来拒复攻；山倾河泄，霆斗雷驰；自北徂南，舆尸折首；左武右文，销锋铸镝”等辞都是。杜甫的诗中有“小院回廊春寂寂，浴凫飞鹭晚悠悠；清江锦石伤心丽，嫩蕊浓花满目斑；书签药裹封蛛网，野店山桥送马蹄；戎马不如归马逸，千家今有百家存；犬羊曾烂漫，宫阙尚萧条；蛟龙引子过，荷芰逐花低；干戈况复尘随眼，鬓发还应雪满头；百万传深入，寰区望匪他。象床玉手，万草千花；落絮游丝，随风照日；青袍白马，金谷铜驼；竹寒沙碧，菱刺藤梢；长年三老，捩柂开头；门巷荆棘底，君臣豺虎边；养拙干戈，全生麋鹿；舍舟策马，拖玉腰金；高江急峡，翠木苍藤，古庙杉松，岁时伏腊，三分割据，万古云霄，伯仲之间，指挥若定，桃蹊李径，栀子红椒，庾信罗含，春来秋去，枫林橘树，复道重楼”之类，亦是多得不胜枚举。李商隐写过一首诗，其题目就叫《当句有对》，内言是：“密迩平阳接上兰，秦楼鸳瓦汉宫盘。池光不定花光乱，日气初涵露气干。但觉游蜂饶舞蝶，岂知孤凤忆离鸾。三星自转三山远，紫府程遥碧落宽。”在他的其他诗句中，比如“青女素蛾”对“月中霜里”；“黄叶风雨”对“青楼管弦”；“骨肉书题”对“慧兰蹊径”；“花须柳眼”对“紫蝶黄蜂”；“重吟细把”对“已落犹开”；“急鼓疏钟”对“休灯灭烛”；“江鱼朔雁”对“秦树嵩云”；“万户千门”对“风朝露夜”等。这样的句子还有很多。

东坡明正

原文

东坡《明正》一篇送于伋失官东归云：“子之失官，有为子悲如子之自悲者乎？有如子之父兄妻子之为子悲者乎？子之所以悲者，惑于得也。父兄妻子之所以悲者，惑于爱[①]也。”案，《战国策》齐邹忌谓妻曰：“我孰与城北徐公美？”其妻曰：“君美甚[②]，徐公何能及公也。”复问其妾与客，皆言：“徐公不若君之美。”暮寝而思之，曰：“吾妻之美我者，私[③]我也；妾之美我者，畏我也；客之美我者，欲有求于我也。”

东坡之斡旋[4]，盖取诸此。然《四菩萨阁记》云："此画乃先君之所嗜[5]，既免丧，以施浮图惟简，曰：'此唐明皇帝之所不能守者，而况于余乎！余惟自度不能长守此也，是以与子。'"而其末云："轼之以是与子者，凡以为先君舍也。"与初辞意盖不同，晚学[6]所不晓也。

|| 注释

①惑于爱：是因为爱护你。

②美甚：甚美，非常美。

③私：偏爱。

④斡旋：调解。

⑤嗜：珍爱。

⑥晚学：晚生后辈。对自己的谦辞。

||| 译文

苏东坡写了《明正》这篇文章，是送于伋被免官东回故乡的，文章说："你被免去官职，有没有因此而为你悲伤，像你自己一样悲伤的人呢？有没有像你父兄妻子一样为你悲伤的人呢？你自己所以悲伤，是被计较得失所迷惑。父兄妻子所以为你悲伤，是因为爱护你。"根据《战国策》里记载，齐国的邹忌曾对妻子说："我的相貌比城北的徐公，谁长得漂亮？"他的妻子说："当然是你长得漂亮多了，徐公怎能比得上你呢？"邹忌又问他的小老婆和客人，他们都说："徐公不如你长得漂亮。"晚上，邹忌躺在床上想："妻子说我比徐公漂亮，是因为她爱我；小老婆说我漂亮是因为怕我；客人说我漂亮是因为有事求我帮忙。"苏东坡用来调解于伋失官的悲伤的做法，就是从这里套来的。但他在《四菩萨阁记》那篇文章里说："这画是我父亲生前所珍爱的，既然没有失去，便布施给和尚惟简，并且说：'这是唐明皇的遗物，他尚且不能让子孙永远保存这幅画，何况我呢！我自觉不能长期拥有这幅画，所以才取出赠送给你。'"而在这篇文章末尾又说："我所以把这幅画送给你，都是代替我父亲施舍的。"与文章开头的意思又不相同，这是我无法理解的。

卷 四

周世宗

原文

周世宗英毅[1]雄杰，以衰乱之世，区区五六年间，威武之声[2]，震慑夷夏[3]，可谓一时贤主，而享年不及四十，身没半岁[4]，国随以亡。固天方[5]授宋，使之驱除。然考[6]其行事，失于好杀，用法太严，群臣职事，小有不举[7]，往往置之极刑，虽素有才干声名，无所开宥[8]，此其所短也。薛居正[9]《旧史》纪载翰林医官马道元进状，诉寿州界被贼杀其子，获正贼见在宿州，本州不为勘断。帝大怒，遣窦仪乘驲往按之。及狱成，坐族死者二十四人。仪奉辞之日，帝旨甚峻，故仪之用刑，伤于深刻，知州赵砺坐除名[10]。此事本只马氏子一人遭杀，何至于族诛二十四家，其它可以类推矣。《太祖实录·窦仪传》有此事，史臣但归咎于仪云。

注释

①英毅：英明果决。

②威武之声：威望和雄强的名声。

③夷夏：四夷和华夏，意即整个中国。

④身没半岁：死后半年。身没，指身死。半岁，半年。

⑤天方：天意，上天。

⑥考：考察。

⑦小有不举：稍微有一点过错。

⑧开宥：开脱，宽容，原谅。

⑨薛居正：字子平，开封人，北宋大臣，少有大志，好学不倦。曾

监修《五代史》，又名《梁唐晋汉周书》。后世为别于欧阳修《新五代史》，改作《旧势胜学五代史》，通称《旧五代史》。

⑩坐除名：因此受牵连而丢掉官职。

||| 译文

周世宗柴荣是个英明果敢的豪杰，处于五代十国的混乱时期，仅用短短的五六年时间，威望和名声便震慑了整个中国，真可谓是一代贤能的君主，可是他却没活到四十岁，死后不过半年，国家就随之灭亡了。这恐怕是天意属于宋，才让他为宋朝建国扫清了道路。但是考察他一生所做的事，其失策的地方在于他的好杀，动用刑法太严，他手下的官员，稍有一点过错，往往要处以重刑杀掉。他虽具富有才干的声望和名声，而不知道宽容，这是他的短处。薛居正主编的《旧五代史》记载有翰林院医官马道元曾进状子给世宗，诉说自己的儿子在寿州（今安徽寿州）境内被贼杀死，现主犯已存宿州（今安徽宿州）被捕，当地州官不认真断理此案。世宗大怒，派大臣窦仪乘驿站快马去处理此案。审理结果是，牵连处死了二十四个人及其家属。这是因为窦仪奉命的时候，世宗的旨意十分严厉，所以窦仪用刑便过于严苛，知州赵砺亦因此被撤职。这件事本来只是马氏的一个儿子遭杀，怎能够连诛二十四家的族人呢？其他事也可类推了。《太祖实录·窦仪传》都记载了这件事，但史官却把这件事的过错归罪到窦仪身上。

资治通鉴

| 原文

司马公修《资治通鉴》，辟[①]范梦得为官属，尝以手帖论缵述之要[②]，大氐欲如《左传》叙事之体。又云："凡年号皆以后来者为定。如武德元年，则从正月，便为唐高祖，更不称隋义宁二年。梁开平元年正月，便不称唐天祐四年。"故此书用以为法，然究其所穷，颇有窒而不通之处。公意正以《春秋》定公为例，于未即位，即书正月为其元年。然昭公以去年十二月薨，则次年之事，不得复系于昭。故定虽未立，自当追书。兼经文至简，不过一二十字，一览可以了解。若《通鉴》则不侔[3]，隋炀帝大业十三年，便以为恭皇帝上，直至下卷之末，恭帝立，始改义宁，后一卷，则为唐高祖。盖凡涉历三卷，而炀帝固存，方书其在江都时事。明皇后卷之首，标为肃宗至德元载，至一卷之半，方书太子即位。代宗下卷云："上方励精求治，不次[4]用人。"乃是德宗也。庄宗同光四年，便系于天成，以为明宗，而卷内书命李嗣源讨邺，至次卷首，庄宗方殂[5]。潞王清泰三年，便标为晋高祖，而卷内书石敬瑭反，至卷末始为晋天福。凡此之类，殊费分说。此外，如晋、宋诸胡僭国，所封建王公，及除[6]拜卿相，纤悉必书[7]，有至二百字者。又如西秦丞相南川宣公出连乞都卒，魏都坐大官章安侯封懿、天部大人白马文正公崔宏、宜都文成王穆观、镇远将军平舒侯燕凤、平昌宣王和其奴卒，皆无关于社稷治乱。而周勃薨，乃不书。及书汉章帝行幸长安，进幸槐里、岐山，又幸长平，御池阳宫，东至高陵，十二月丁亥还宫；又乙未幸东阿，北登太行山，至天井关，夏四月乙卯还宫。又书魏主七月戊子如[8]鱼池，登青冈原，甲午还宫；八月己亥如弥泽，甲寅登牛头山，甲子还宫。如此行役，无岁无之，皆可省也。

‖注释

①辟：征召，聘请。

②缵（zuǎn）述之要：编辑的要点。

③不侔：不能同等看待。侔，相等，齐。

④不次：不依寻常次序。意即超擢，破格。

⑤殂（cú）：死去。

⑥除：任命官职。

⑦纤悉必书：连细枝末节都详尽记述。

⑧如：到达。

‖译文

司马光奉旨编《资治通鉴》，聘请范祖禹参加编辑，常常亲笔写一些手谕给他，讲述编辑要点，大体要求同《左传》一样编年叙事的体例。

又说："凡同一年内的年号，都要以后来延续下去的那个为准。如唐高祖武德元年，同时又是隋恭帝义宁二年，则从正月起便是唐高祖，不称隋义宁二年。五代梁开平元年正月，就不称唐天祐四年。"所以，这部书凡遇到同一年内有两个年号的都采用这种办法，但要仔细研究一下，就觉得有不通的地方。司马光的本意是以《春秋》鲁定公为例，在他没有即位时，就记正月是他的元年。但是，因为昭公死于去年十二月，第二年的事，当然不能再放到昭公名下。所以这时定公虽然还没有当国君，自然得把前几个月追记在他的名下。况且，《春秋》经文十分简单，不过一二十字，一览即可知。但《通鉴》就不能同等看待。比如，隋炀帝大业十三年，便标题为隋恭皇帝上卷，但直至下卷末尾，恭帝即位，才改元义宁；紧接着便是唐高祖武德元年。这里前后共涉及三卷，而这时候隋炀帝还在世，内文说的是他在江都（今江苏扬州）的事。唐明皇后卷的开头，标明为唐肃宗至德元年，到一卷的一半，才写到太子即位。唐朝宗下卷又说："皇上正在振奋精神努力治国，不断破格使用人才。"说的却是唐德宗的事。唐庄宗同光四年，便放到明宗纪年，而卷内却记载皇帝命李嗣源（明宗本名）去征讨邺郡（今河南安阳一带），到下一卷初，庄宗才驾崩。潞王清泰三年，便标题为晋高祖，而卷内记载有石敬瑭（晋高祖本名）叛乱，直到卷末，才有晋天福的年号。像这些东西，解释起来十分费力。此外，还有晋、宋等不属正统、割据一方的少数民族国家，他们封的王公位，以及任命的大臣、宰相，记得十分详尽，有的记到二百字之多。又如西秦丞相南川宣公出连乞都病卒，魏国的章安侯封懿卒，还记有文正公崔宏、文成王穆观、平舒侯燕凤、平昌宣王和他的奴仆等人病故，都是无关国家政权和社会安定的人。而有关汉朝历史变化的周勃之死，却没有记载。还有记载汉章帝出游长安（今陕西西安），并游槐里、岐山，又到长平，住进池阳宫，往东到高陵（以上各地均在今陕西），十二月丁亥还宫；又乙未游幸东阿，北登太行山，到天井关，夏天四月乙卯回到宫里。又记有魏国国君七月戊子到鱼池，游览青冈原，甲午回宫；八月己亥又到弥泽，甲寅登牛头山游览，甲子回宫等。像这些游览情况，每年都有，完全可以省略不记。

卷　五

秦隋之恶

原文

自三代讫于五季[1]，为天下君而得罪于民，为万世所麾斥者，莫若秦与隋，岂二氏之恶浮于桀、纣哉？盖秦之后即为汉，隋之后即为唐，皆享国久长。一时论议之臣，指引前世，必首及之，信而有证，是以其事暴白于方来，弥远弥彰而不可盖也。尝试裒[2]举之。

张耳曰："秦为乱政虐刑，残灭天下，北为长城之役，南有五岭之戍，外内骚动，头会箕敛[3]，重以苛法，使父子不相聊。"张良曰："秦为无道，故沛公得入关，为天下除残去贼。"陆贾[4]曰："秦任刑法不变，卒灭嬴氏。"王卫尉曰："秦以不闻其过亡天下。"张释之[5]曰："秦任刀笔之吏，争以亟疾苛察相高，以故不闻其过，陵夷[6]至于二世，天下土崩。"贾山借秦为喻曰："为宫室之丽，使其后世曾不得聚庐而托处；为驰道之丽，后世不得邪径而托足；为葬薶之丽，后世不得蓬颗而托葬。以千八百国之民自养，力罢不能胜其役，财尽不能胜其求，人与之为怨，家与之为雠，天下已坏而弗自知，身死才数月耳，而宗庙灭绝。"贾谊曰："商君遗礼谊，弃仁恩，并心[7]于进取，行之二岁，秦俗日败，灭四维[8]而不张，君臣乖乱，六亲殃戮，万民离叛，社稷为虚。"又曰："使赵高傅[9]胡亥，而教之狱[10]。今日即位，明日射人，其视杀人若刈草菅然。置天下于法令刑罚，德泽亡一有[11]，而怨毒盈于世，下憎恶之如仇雠。"晁错曰："秦发卒戍边，有万死之害，而亡铢两之报。天下明知祸烈及已也，陈胜首倡，天下从之如流水。"又曰："任不肖而信谗贼，民力罢尽[12]，矜奋自贤，法令烦憯，刑罚暴酷，亲疏皆危，外内咸怨，绝祀亡世。”董仲舒曰：“秦重禁文学，不得挟书，弃捐礼谊而恶闻之。其心欲尽灭先圣之道，而颛为自恣苟简之治。自古以来，未尝有以乱济乱，大败天下之民如秦者也。”又曰：“师申、商之法，行韩非之说，憎帝王之道，以贪狼为俗[13]，赋敛亡度，竭民财力，群盗并起，死者相望，而奸不息。”淮南王安曰：“秦使尉屠睢攻越，凿渠通道，旷日引久，发谪戍以备之，往者莫反，亡逃相从，群为盗贼。于是山东之难始兴。”吾丘寿王曰：“秦废王道，立私议，去仁恩而任刑戮，至于赭衣塞路，群盗满山[14]。”主父偃曰：“秦任战胜之威，功齐三代[15]，务胜不休，暴[16]兵露师，百姓靡敝[17]，孤寡老弱，不能相养，死者相望，天下始叛。”徐乐曰：“秦之末世，民困而主不恤，下怨而上不知，俗已乱而政不修，陈涉之所以为资也。此之谓土崩。”严安曰：“秦一海内之政，坏诸侯之城，为知巧权利者进，笃厚忠正者退。法严令苛，意广心逸。兵祸北结于胡，南挂于越，宿兵于无用之地，进而不得退，天下大畔，灭世绝祀[18]。”司马相如曰：“二世持身不谨，亡国失势，信谗不寤[19]，宗庙灭绝。”伍被曰：“秦为无道，百姓欲为乱者十室而五。使徐福入海，欲为乱者十室而六。使尉佗攻百越，欲为乱者十室而七。作阿房之宫，欲为乱者十室而八。”路温舒[20]曰：“秦有十失，其一尚存，治狱之吏是也。”贾捐之[21]曰：“兴兵远攻，贪外虚内，天下溃畔，祸卒在于二世之末。”刘向曰：“始皇葬于骊山，下锢三泉[22]，多杀宫人，生薶工匠，计以万数，天下苦其役而反之。”梅福曰：“秦为无道，削仲尼之迹，绝周公之轨，礼坏乐崩，王道不通，张诽谤之罔，以为汉驱除。”谷永曰：“秦所以二世十六年而亡者，养生泰奢，奉终泰厚也。”刘歆曰：“燔经书，杀儒士，设挟书之法，行是古之罪，道术由是遂灭。”凡汉人之论秦恶者如此。

唐高祖曰：“隋氏以主骄臣谄亡天下。”孙伏伽[23]曰：“隋以恶闻其过亡天下。”《薛收传》：“秦王平洛阳，观隋宫室，叹曰：‘炀帝无道，殚人力以事夸侈。’收曰：‘后主奢虐是矜，死一夫之手，为后世笑。”’张元素曰：“自古未有如隋乱者，得非君自专、法日乱乎？造乾阳殿，伐木于豫章，一材之费，已数十万工。乾阳毕功，隋人解体。”

魏徵曰："炀帝信虞世基[24]，贼遍天下而不得闻。"又曰："隋唯贵不献食，或供奉不精，为此无限，而至于亡。方其未乱，自谓必无乱；未亡，自谓必不亡。所以甲兵亟动，徭役不息。"又曰："恃其富强，不虞后患，役万物以自奉养，子女玉帛是求，宫室台榭是饰。外示威重，内行险忌，上下相蒙，人不堪命，以致陨匹夫之手。"又曰："文帝骄其诸子，使至夷灭。"马周曰："贮积者固有国之常，要当人有余力而后收之，岂人劳而强敛之以资寇邪？隋贮洛口仓，而李密因之；积布帛东都，而王世充据之；西京府库，亦为国家之用。"陈子昂曰："炀帝恃四海之富，凿渠决河，疲生人之力，中国之难起，身死人手，宗庙为墟。"杨相如曰："炀帝自恃其强，不忧时政。言同尧、舜，迹如桀、纣，举天下之大，一掷弃之。"吴兢曰："炀帝骄矜自负，以为尧、舜莫己若，而讳亡憎谏。乃曰：'有谏我者，当时不杀，后必杀之。'自是謇谔[25]之士去而不顾，外虽有变，朝臣钳口，帝不知也。"柳宗元曰："隋氏环四海以为鼎，跨九垠以为炉，爨以毒燎，煽以虐焰，沸涌灼烂，号呼腾蹈。"李珏曰："隋文帝劳于小务，以疑待下，故二世而亡。"凡唐人之论隋恶者如此。

注释

①五季：即后梁、后唐、后晋、后汉、后周这五代。

②裒（póu）：聚集，集中。

③头会箕敛：形容赋税繁重严苛。头会，按照人头征税。箕敛，用畚箕来盛装征收来的谷物。

④陆贾：西汉著名政治家。

⑤张释之：字季，西汉著名律法官。

⑥陵夷：逐渐衰颓、破败。

⑦并心：专心，集中心力。

⑧四维：礼、义、廉、耻四种道德准则，古时认为这是维系国家所必需的。

⑨傅：辅佐。

⑩狱：用刑狱（统治天下）。

⑪亡一有：一点都没有。

⑫民力罢尽：人民筋疲力尽。罢，通“疲”，疲累。

⑬以贪狼为俗：把贪婪凶狠作为习俗。贪狼，比喻像狼一样贪婪凶狠。

⑭赭衣塞路，群盗满山：囚犯挤满了道路，盗贼充满山头。赭衣，古代的囚衣，因用赤土染成赭色所以有此称。这里代指囚犯。

⑮功齐三代：功绩与夏、商、周三代并齐。齐，与……一样，并齐。三代，夏、商、周三代。

⑯暴：通“曝”，晾晒，暴露。

⑰靡敝：疲敝不堪。

⑱灭世绝祀：国家灭亡，后世断绝。

⑲信谗不寤：听信谗言又不醒悟。寤，醒悟。

⑳路温舒：字长君，河北巨鹿人，西汉著名的司法官，推崇儒家学说。曾对西汉的司法制度做出深刻反省。

㉑贾捐之：字君房，贾谊曾孙，汉元帝时小官。

㉒三泉：也称三重泉，即地下深处。多指人死后的葬处。

㉓孙伏伽：河北邢台人。隋时便入朝为官，李渊称帝后，他审时度势，投奔大唐王朝。我国历史上有名可考的第一个状元。

㉔虞世基：字茂世，余姚人，隋炀帝亲信。

㉕謇谔（è）：刚直不阿，敢于直言。

||| 译文

从夏、商、周三代到后梁、后唐、后晋、后汉、后周五代，作为统治天下的帝王而对人民犯下大罪，被世世代代所痛斥的，没有比得上秦始皇和隋炀帝的。难道这两个人的罪恶比夏桀王、商纣王还大吗？这大概是因为，秦朝之后的汉朝，隋朝之后的唐朝，国家存在的时间都很长久，汉朝和唐朝的大臣在议论国事及前朝得失时，必然要首先提及他们，事实真实而又有材料可考证，所以他们的所作所为就暴露得很明显，而且随着时间的推移亦掩盖不住。兹举例予以说明。

汉初诸侯王张耳说："秦朝政治混乱，刑法残酷，残害毁灭天下人民。北面修筑长城，南边开辟五岭，征调成千上万的百姓服役、戍守，国内动荡不堪，赋税繁重、刑罚严酷，使天下父子不能互相依赖生存。"张良说："秦朝治国无方，所以刘邦得以进关，替天下除去最凶残暴虐的人。"陆贾说："秦朝任意使用严酷的刑法而不改变，最终招致自己灭亡。"王卫尉说："秦朝因为拒绝听取他的过失，而失去天下。"张释之说："秦朝任用舞文弄法的官吏，这些人以审理案件急速苛刻来显示自己能耐高，所以朝廷听不到自己的过失，到秦二世胡亥时，国家日益衰落，终于土崩瓦解了。"贾山借秦朝作比喻说："为自己构筑华丽的宫殿，却使他的后人连草屋都住不上；为自己修筑宽阔平坦的大道，却使后人连小路都走不成；为自己修造豪华的陵墓，却使后人死无葬身之地。用一千八百个国家的人民来养活自己，人民精疲力竭也服不完他的劳役，倾家荡产也满足不了他的需求，每人、每家都和他结下怨仇，江山已经毁坏而他还不知道，秦始皇死了才几个月，国家就灭亡了。"贾谊说："商鞅丢掉礼义仁爱，一心推行他的政策，追求功名，施行了二年，秦朝风俗日益败落，不讲礼、义、廉、耻，君主、大臣乖戾、混乱，亲朋之间互相残杀，天下人民纷纷逃离叛乱，国家因此衰弱。"又说："让赵高辅佐胡亥，却只教他用刑狱统治天下。今即位做皇帝，明天就杀人，把杀人看作像割草一样随便。把国家置于严酷的法令刑罚统治之下，恩德惠泽一点也没有，而怨恨、仇视却充盈天下，人民憎恨他，把他看作仇敌。"晁错说："秦朝调征士兵戍守边关，虽九死一生，却没有一点报酬。天下人都很清楚自己遭受的大祸，所以陈胜首先揭竿而起，天下人像流水一样追随他。"又说："秦始皇任用没有贤能的人，偏信谗言献媚的小人，使人民筋疲力竭，他却自恃高大，夸耀自己贤明。而事实上法令繁多苛刻，刑罚暴虐残酷，天下的人民，无论和他关系近的还是远的，人人自危，朝廷内外都很怨恨他，国家因此灭亡了。"董仲舒说："秦朝严厉禁止礼乐典制和学术文化，严禁私人拥有儒家经典及其他历史书籍，抛弃甚至讨厌听到礼义廉耻。其用心是为了完全消灭前世流传下来的圣贤学说，而恣意实行苟且简单的治理国家的方法。自古以来，没有像秦朝这样以乱治乱，使天下人民深受其害的。”又说：“效法申不害、商鞅提出的权术，推行韩非的法治学说，厌恶贤明君主的治国之道，把贪婪凶狠作为习俗，横征暴敛没有法度，人民精力殚竭、财力散尽，为生计所迫起而闹事的此起彼伏，死亡的人很多，但干扰朝政的邪恶之人却没有停止。”淮南王刘安说：“秦朝派尉屠睢进攻越人，开凿灵渠，修筑官道，旷日持久，又征调大批被罚流放的人戍守边关，做好作战的准备。这些守边之人常常有去无回，逃跑的人一个接一个，结伙成为盗贼，于是山东的战乱开始兴起。”吾丘寿王说：“秦始皇废除先贤治国之道，树立自己的观点，抛弃仁义道德而用刑罚杀人，以致使罪犯充满道路，为生活所迫，盗贼满山遍野。”主父偃说：“秦始皇凭着战胜六国的威力，功绩与夏、商、周三代一样，恋战不止，军队强盛显露，老百姓却疲惫不堪，孤寡老弱不能互相救济生活下去，死亡的人很多，天下人开始背叛他。”徐乐说：“秦朝末期，人民生活贫困，但君主却不给以抚恤，下边怨声载道而上边却不知道，风俗败落而政治却得不到改善，这是陈胜起义的原因啊。这就是所说的土崩瓦解。”严安说：“秦朝统一中国后，毁掉原来各诸侯国的城池，投机取巧、追求功名的得以重用，忠实厚道、耿直仁义之士遭到排斥。法令严峻苛酷、野心勃勃。向北用兵攻打匈奴，向南和越人交战，把军队驻守在没有用的地方，一直向前推进而不得后退，天下人都背叛他，因此，国家便灭亡了。”司马相如说：“秦世胡亥对自己要求不严，丢掉国家，失去权势，偏信谗言而不醒悟，结果招致江山灭亡。”伍被说：“秦朝统治黑暗，老百姓十户里有五户想造反。派徐福东渡日本寻求长生不老之药，老百姓中十户有六户想起来造反。派尉佗进攻东南越人，老百姓中十户有七户想起来造反。修建阿房宫，老百姓中十户有八户想起来造反。”路温舒说：“秦朝有十个人死，如果有一个人活下来，这个人就是管理监狱的人。”贾捐之说：“秦朝兴师远征，对外扩大地盘没完没了，弄得国力日益空虚，江山崩溃，最终在秦二世胡亥时亡国。”刘向说：“秦始皇在骊山为自己修造华丽的墓葬，用熔化的金属堵住墓道缝隙，以明珠作为日月星辰，用水银作为江河湖海，杀戮官人作为殉葬品，又活活埋进数以万计的修墓工匠，天下老百姓被繁重的徭役害苦了，便起来反抗。”梅福说：“秦朝没有治理国家的良好措施，灭绝孔丘、周公旦这些先贤的学说和治国之道，礼义典乐败坏，统治天下的措施不灵活，不得力，无中生有，诋毁别人，说别人坏话大肆盛行，所以最终被汉朝所取代。”谷永说：“秦朝之所以传了两代皇帝，统治天下十六年就灭亡了，是因为统治者生活过于奢侈，陪葬过于丰厚。”刘歆说：“焚书坑儒，设立禁止私人藏书的法令，这些做法都是自古没有的罪恶，治理国家的方法也就随之失去。”大凡汉朝人就是这样议论秦始皇罪过的。

唐高祖李渊说：“隋朝因为君主自高自大、官吏阿谀奉承而失去天下。”孙伏伽说：“隋朝皇帝因为讨厌听到自己的过错而失去天下。”《新唐书·薛收传》记载：“秦王李世民平定洛阳后，观看隋朝宫殿时，感叹地说：‘隋炀帝不实行德政，竭尽天下人力而奢侈豪华。’薛收说：‘隋炀帝如此奢侈、暴虐、夸耀，最后死于一介武夫之手，被后世耻笑。’”张元素说：“自古以来，没有像隋这么混乱的朝代，这难道不是因为君主专制自恣、法制日益败坏造成的吗？修建乾阳殿，到豫章（今江西南昌）大肆伐砍树木，一根木材要费去数十万工匠的精力。乾阳殿修好了，隋朝也随之灭亡了。”魏徵说：“隋炀帝偏信虞世基，盗贼满天下他却不知道。”又说：“隋炀帝肆意责备不奉献食物或供奉物品不精的人，这样没有节制，直到亡国。当天下没有动乱的时候，自己认为天下一定不会动乱；当天下没有灭亡时，自己认为天下一定不会灭亡。于是频频发动战争，不断地征派徭役。”又说：“（隋炀帝）自恃国力富强，不考虑后患，役使天下财物为自己享用，追求天下美女钱财，装饰宫殿、楼阁。对外耀武扬威，对内阴险多疑，君臣上下互相欺骗，以致最后丧命于百姓之手。”他还说：“隋文帝使他的儿子们骄逸自大，最终到他儿子统治天下时，国家灭亡。”马周说：“存储粮食本是一个国家很平常的事，但要等到人民有余粮时再收缴，哪里有把强行收缴而来的人民的口粮用来资助盗寇的呢？隋朝建洛口仓存储粮食，却被李密得去；在东都洛阳存积布匹丝织品，却被王世充据有；西京长安国库，也被国家用完。”陈子昂说：“隋炀帝自恃国家富足，开挖河渠，竭尽老百姓的力量，酿成中国的灾难，自己也死于他人之手，江山社稷变为废墟。”杨相如说：“隋炀帝自恃强大，不担忧国家政事。言语像尧、舜的一样美好，所作所为如同夏桀王、商纣王那样残暴，将偌大个国家举手扔掉。”吴兢说：“隋炀帝骄傲自负，以为尧、舜二帝也不如自己，又忌讳人们谈论亡国，拒绝听取大臣们的谏言。甚至说：‘向我进谏言的人，当时不杀他，过后一定要杀他。’于是正直的人都不留恋地离开了他，朝廷之外虽然有叛乱，而朝廷大臣却紧紧闭口不言，隋炀帝根本不知道。”柳宗元说：“隋朝把中国当作一个大鼎炉，用毒火烈焰来烧煮它，鼎炉内沸水涌起，鼎炉外大火熊熊，老百姓在炉中叫骂挣扎。”李珏说：“隋文帝在细小的事情上很用心，常常以猜疑之心对待朝廷大臣，所以帝位传了两代就亡国了。”大凡唐朝的人都是这样议论隋朝罪恶的。

汉唐二武

| 原文

东坡云：“古之君子，必忧治世而危[①]明主。明主有绝人[②]之资，而治世无可畏之防。”美哉斯言！汉之武帝，唐之武后，不可谓不明，而巫蛊之祸，罗织之狱，天下涂炭，后妃公卿，交臂就戮[③]，后世闻二武之名，则憎恶之。蔡確作诗，用郝甑山上元间事，宣仁谓以吾比武后；苏辙用武帝奢侈穷兵虚耗海内为谏疏，哲宗谓至引汉武上方先朝。皆以之得罪。人君之立政，可不监[④]兹！

|| 注释

①危：担心。

②绝人：过人，比一般人强。

③交臂就戮：因为一点小事就遭到杀戮。

④监：通“鉴”，借鉴，参考。

译文

苏东坡说：“古代道德高尚的人，必定为治理天下担忧，为贤明的君主担心。贤明的君主虽有过人的资质，但治理天下就要有所防备。”这句话说得真好啊！汉朝的汉武帝，唐朝的武则天，不能说不贤明，但是国家仍然有用巫术毒害人的灾难，有网罗编造罪名的现象，人民生活极端困苦，后宫妃子与王公大臣常因一点小事就遭到杀害，后世的人听到汉武帝和武则天的名字，就非常憎恨厌恶他们。蔡確写了一首诗，说的是郝甑山正月十五元宵节的事，就认为蔡確把他比作武则天；苏辙用汉武帝奢侈豪华追求享受、用尽全部兵力发动战争、消耗府库使国家衰弱这些事实作为规劝皇帝使之改正错误的奏议，宋哲宗赵煦就认为苏辙引用汉武帝把他与前朝相比。他们两人都因此而被定了罪。君主治理天下，应以此为鉴！

买马牧马

原文

国家买马[①]，南边于邕管，西边于岷、黎，皆置使提督，岁所纲发者盖逾万匹[②]。使臣、将校得迁秩转资[③]，沿道数十州，驿程券食[④]、厩圉薪刍[⑤]之费，其数不赀[⑥]，而江、淮之间，本非骑兵所能展奋，又三衙遇暑月，放牧于苏、秀以就水草，亦为逐处之患[⑦]。因读《五代旧史》云：“唐明宗问枢密使范延光[⑧]内外马数。对曰：‘三万五千匹。’帝叹曰：‘太祖在太原，骑军不过七千。先皇自始至终，马才及万。今有铁马如是，而不能使九州混一，是吾养士练将之不至也。’延光奏曰：‘国家养马太多，计一骑士之费可赡步军五人，三万五千骑，抵十五万步军，既无所施，虚耗国力。’帝曰：‘诚如卿言。肥骑士而瘠吾民，民何负哉？’”明宗出于蕃戎，犹能以爱民为念。李克用父子以马上立国制胜，然所蓄只如此。今盖数倍之矣。尺寸之功不建，可不惜哉！且明宗都洛阳，正临中州，尚以为骑士无所施。然则今虽纯用步卒，亦未为失计也。

|| 注释

①国家买马：宋朝为了充实骑兵兵力。国家，本朝，即宋朝。

②岁所纲发者盖逾万匹：每年成批从这些地方送往内地的马匹大约超过一万。纲，转运大批货物所实施的方法。

③得迁秩转资：得以升迁。迁，指调动官职，一般指升职。秩，官职级别。

④券食：凭券供应的膳食。一般官吏所用。

⑤厩围薪刍：盖马厩，准备柴禾、草料。

⑥不赀：无法估算。

⑦逐处之患：给这些地方每处都造成很大的损失。

⑧范延光：字子瑰，相州临漳人，唐明宗时曾做节度使，能征善战，生性刚正，敢于直言劝谏。

||| 译文

国家为了充实骑兵，在南边的邕管（今广西南宁），西边的岷州（今甘肃岷县）、黎州（今四川汉源）等边远地区购置马匹，并且设有专门的机构与官员，每年成批送往内地的马大概能超过一万匹，管理这一事务的使臣、将校往往因此得以升迁官职。为运送这些马匹，沿途几十个州县，准备驿站，招待官兵，盖马厩、备草料，这些费用无法估量。然而长江、淮河之间的广大地区，本来就不适合骑兵奔驰作战，遇到炎热天气，还得将马赶到苏州（今江苏苏州）、秀州（今浙江嘉兴）一带放牧，给各地造成很大损失。据《旧五代史》记载：“后唐明宗李嗣源询问枢密使范延光全国的马匹数目。范延光回答：‘有三万五千匹马。’后唐明宗叹息道：‘太祖在太原时，骑兵也不过才七千人。先皇（庄宗李存勖）自始至终，也仅有一万匹马。现在有这么多的军马，却不能统一天下，这是我养兵和训练将帅还做得不够啊。’范延光上奏说：‘国家养的马匹太多了，一个骑兵的开销，可以养活五个步兵，三万五千名骑兵的费用可以抵消十五万步兵的费用，这么多骑兵既不能发挥作用，又白白消耗国家财力。’后唐明宗说：‘确实像你说的那样。厚养骑兵而使人民受苦，人民怎能承受得了？”后唐明宗出生于少数民族家庭，还能想到爱护老百姓。李克用父子靠骑马打胜仗建立国家，然而所蓄养的马匹却如此之少。而今所养的马是其祖上的好几倍，但却一点功劳也没有建立，真让人为之可惜啊！何况自后唐明宗定都洛阳，面对中原，还以为骑兵无用武之地。所以，现在虽然单纯使用步兵，也未必失策啊。

卷 六

朱温三事

原文

义理所在，虽盗贼凶悖之人，亦有不能违者。刘仁恭为卢龙节度使，其子守文守沧州，朱全忠[①]引兵攻之，城中食尽，使人说以早降。守文应之曰："仆[②]于幽州，父子也，梁王方以大义服天下，若子叛父而来，将安用之？"全忠愧其辞直，为之缓攻。其后还师，悉焚诸营资粮，在舟中者凿而沉之。守文遗全忠书曰："城中数万口，不食[③]数月矣，与其焚之为烟，沉之为泥，愿乞其所余以救之。"全忠为之留数囷，沧人赖以济[④]。及篡唐之后，苏循及其子楷，自谓有功于梁，当不次擢用[⑤]。全忠薄其为人，以其为唐鸱枭[⑥]，卖国求利，勒循致仕，斥楷归田里。宋州节度使进瑞麦[⑦]，省之不怿[⑧]，曰："宋州今年水灾，百姓不足，何用此为？"遣中使诘责之，县令除名。此三事，在他人为不足道，于全忠则为可书矣，所谓憎而知其善也。

注释

①朱全忠：后梁太祖朱温，起初参加黄巢起义，降唐时被唐僖宗赐名全忠。

②仆：我。谦辞。

③不食：没有东西吃。

④济：活命。

⑤擢用：提拔任用。

⑥鸱枭：同"鸱鸮"，这里代指罪人。

⑦瑞麦：一株多穗或异株同穗的麦子。古时将此当作吉祥的兆头。

⑧不怿：不高兴。

||| 译文

义理无所不在，即使是背叛朝廷的凶恶盗贼，有时也不违背。唐朝末年，刘仁恭任卢龙节度使，他的儿子刘守文驻守沧州（今属河北），朱温（赐名全忠）率兵围攻沧州，沧州城中能吃的东西都吃完了，但仍苦苦坚守，朱温派人劝说刘守文早日投降。刘守文回答："我和刘仁恭是父子关系，梁王你正用正义征服天下，如果当儿子的背叛了父亲而投靠你，你将如何任用他呢？"朱温听了刘守文的正直言辞，感到很惭愧，就减缓了攻势。后来，朱温撤军，准备把各军营中的粮草全部烧掉，河中的粮船也都凿沉在水中。刘守文写信给朱温，说："沧州城中几万军民，已好几个月没东西吃了，你与其把粮草烧成烟灰，沉没在水中烂成泥，不如发点慈悲，拿剩余的粮草用来救活沧州城中的军民。"朱温就留了几座粮仓没有烧，沧州城中的军民靠此得以活命。到了朱温篡夺唐朝江山，做了后梁皇帝后，苏循和他的儿子苏楷，自以为对后梁有功，应该被破格提拔重用。而朱温却看不起他父子俩的人品，认为他们是唐朝的罪人，卖国求荣，牟取私利，便勒令苏循辞官回家，苏楷削职为民。宋州（今河南商丘）节度使进奉象征吉祥的多穗麦子，朱温看了很不高兴，说："宋州今年发水灾，老百姓缺食少衣，为什么还要进奉祥瑞征兆？"并派宫中的宦官到宋州责备节度使，还罢免了进献瑞麦的县令。这三件事，对于其他人来说不值得提及，但对朱温来说，却值得大书特书，这就是憎恨一个人也要知道他有好的一面。

文字润笔

| 原文

作文受谢，自晋、宋以来有之，至唐始盛。《李邕传》："邕尤长碑颂，中朝衣冠及天下寺观，多赍持[①]金帛，往求其文。前后所制，凡数百首，受纳馈遗，亦至巨万。时议以为自古鬻文获财，未有如邕者。”故杜诗云：“干谒满其门，碑版照四裔。丰屋珊瑚钩，骐驎织成罽。紫骝随剑几，义取无虚岁。”又有《送斛斯六官诗》云：“故人南郡去，去索作碑钱。本卖文为活，翻令室倒县。”盖笑之也。韩愈撰《平淮西碑》，宪宗以石本赐韩宏，宏寄绢五百匹；作王用碑，用男[②]寄鞍马并白玉带。刘叉持愈金数斤去，曰：“此谀墓中人得耳，不若与刘君为寿。”愈不能止。刘禹锡祭愈文云：“公鼎侯碑，志隧表阡[③]。一字之价，辇金如山。”皇甫镈为裴度作《福先寺碑》，度赠以车马缯[④]彩甚厚，湜大怒曰：“碑三千字，字三[⑤]，何遇我薄邪？”度笑，酬以绢九千匹。穆宗诏萧俛撰成德王士真碑，俛辞曰：“王承宗事无可书。又撰进之后，例得贶遗[⑥]，若黾[⑦]勉受之，则非平生之志。”帝从其请。文宗时，长安中争为碑志，若市买然。大官卒，其门如市，至有喧竞争致，不由丧家。裴均之子，持万缣诣韦贯之求铭。贯之曰：“吾宁饿死，岂忍为此哉？”白居易《修香山寺记》曰：“予与元微之定交于生死之间。微之将薨，以墓志文见托，既而元氏之老，状其臧获、舆马、绫帛洎[⑧]银鞍、玉带之物，价当六七十万，为谢文之贽。予念平生分，贽[⑨]不当纳，往反再三，讫不得已，回施兹寺。凡此利益功德，应归微之。”柳玭善书，自御史大夫贬泸州刺史，东川节度使顾彦晖请书德政碑。玭曰：“若以润笔为赠，即不敢从命。”

本朝此风犹存，唯苏坡公于天下未尝铭墓，独铭五人，皆盛德故，谓富韩公、司马温公、赵清献公、范蜀公、张文定公也。此外赵康靖公、滕元发二铭，乃代文定所为者。在翰林日，诏撰同知枢密院赵瞻神道碑，亦辞不作。曾子开与彭器资为执友[⑩]，彭之亡，曾公作铭，彭之子以金带缣帛为谢。却之至再，曰：“此文本以尽朋友之义，若以货见投，非足下所以事父执之道也。”彭子皇惧而止。此帖今藏其家。

注释

①赍持：捧着，手持着。

②男：儿子。

③志隧表阡：刻在墓志铭上。

④缯：泛指丝绸。

⑤字三：每个字值三匹细绢。

⑥贶（kuàng）遗：馈赠，这里指朝廷的赏赐。

⑦黾（mǐn）：勉力，努力。

⑧洎（jì）：到，甚至。

⑨赀：酬劳。

⑩执友：即“挚友”。

||| 译文

替人写文章而接受酬谢，从晋、宋时期就有了，到唐朝开始盛行。《李邕传》记载：“李邕特别擅长写碑铭颂辞，朝中大臣官员和天下各佛寺道观的僧人道士，都携带金银绢帛去请他写颂文。李邕先后为别人写了几百首碑铭颂辞，所接受的馈赠，也达好几万。当时的舆论认为，自古以来卖文章发财的，没有人比得上李邕。”所以杜甫有诗说：“干谒满其门，碑版照四裔。丰屋珊瑚钩，骐驎织成罽。紫骝随剑几，义取无虚岁。”又有《送斛斯六官诗》云：“故人南郡去，去索作碑钱。本卖文为活，翻令室倒县。”大概是讥笑他的。韩愈撰写了《平淮西碑》，唐宪宗把石本赐给了韩宏，韩宏便寄了五百匹绢给韩愈，以示谢意；韩愈给王用写碑文颂辞，王用的儿子给韩愈送去了鞍马和白玉带。刘叉拿走了韩愈的几斤金子，并说：“这是吹谀坟墓中的人所得到的，不如送给我刘某人做寿礼。”韩愈没法阻止他。刘禹锡给韩愈写的祭文中说：“你韩公有盛名，官位封侯，事迹应记在石碑上，现在铭记在墓碑上，一个字的价格，就载运金钱堆成山。”皇甫镈给裴度写了《福先寺碑》文，裴度赠送给皇甫镈许多车马和绸绢，皇甫镈很气愤地说：“碑文有三千字，一个字值三匹细绢，为什么给我这么少的东西？”裴度赶快赔着笑脸又送了九千匹绸绢作为酬谢。唐穆宗下诏书命萧俛为成德的王士真撰写碑文，萧俛推辞说：“王士真的儿子王承宗没有什么事迹可写的。再说写好进献给朝廷之后，按照惯例应得到赐物，如果勉强接受了它，那就不是我平生的志向了。”唐德宗答应了萧俛的请示。唐文宗时，长安（今陕西西安）城中争着为别人写碑文，就好像市场上做买卖一样。如果有大官死了，他家门前就如同市场一样，要求为死者撰写碑文的人争来争去，高声喧闹，这连死者的家人也做不了主。裴钧的儿子，携带一万匹细绢到韦贯之家中索求碑文，贯之说："我宁愿饿死，也不忍心这样做。"白居易在《修香山寺记》中说："我和元微之是生死之交的朋友。微之临死时托我给他写碑文，事过不久，元家的老人说要将他家的奴婢、车马、绫绢、银鞍、玉带等价值相当于六七十万两白银的东西送给我作为我写碑文的报酬。我想起平日和微之的交情，认为不应该接受这些礼物，元氏家前后送来多次，最后不得已而收下，施舍给香山寺。这些利益功德，应当归于元微之。"柳玭的书法很好，他从御史大夫贬为泸州刺史，东川（今四川遂宁）节度使顾彦晖请他给自己书写德政碑碑文。柳玭对他说："如果赠送给我财物作为酬谢，我就不能答应你的请求。"

宋朝仍然存在这种风俗，只有苏轼很少给别人写碑文，只给五个人写过，而且还是因为这五人德高望重。这五个人是富弼、司马光、赵抃范镇、张方平等人。此外赵康靖、滕元发二人的碑文，还是代张方平写的。苏轼任翰林学士时，皇帝诏令他给同知枢密院赵瞻写碑文，苏轼也推辞不写。曾子开与彭器资是挚友，彭器资死后，曾子开给他写了碑文，彭器资的儿子送给他金带绢绸作为酬谢。曾子开再三推辞，说："这篇碑文乃是尽朋友之情义而写的，如果你送给我钱物，那么这就不是你对待你父亲挚友的方式了。"彭器资的儿子听了很不好意思，赶紧收回了东西。这篇碑文现在还藏在他家中。

卷 七

女子夜绩

| 原文

《汉·食货志》云："冬，民既入，妇人相从夜绩[①]，女工一月得四十五日。"谓一月之中，又得半夜，为四十五日也。必相从者，所以省费燎火[②]，同巧拙而合习俗也。

《战国策》甘茂亡[③]秦出关，遇苏代，曰："江上之贫女，与富人女会绩[④]而无烛，处女相与语，欲去之。女曰，妾以无烛故，常先至扫室布席，何爱[⑤]余明之照四壁者？幸以赐妾。"以是知三代之时，民风和厚勤朴如此，非独女子也，男子亦然。

《豳风》[⑥]"昼尔于茅，宵尔索"，言昼日往取茅[⑦]归，夜作索，以待时用也，夜者日之余，其为益多矣。

|| 注释

①绩：把麻搓捻成线或绳。

②省费燎火：节省灯火费用。

③亡：逃离。

④会绩：一同纺麻。

⑤爱：吝惜。

⑥《豳风》：诗经篇章，有一个系列，多反映人民的劳作场面。

⑦茅：上山砍茅草。

||| 译文

《汉书·食货志》上说："到了冬天农闲时，老百姓都待在家中，妇女们聚集在一起，晚上纺麻织布，这样做一个月可做四十五天的活。"就是说，一个月中，每天又多出半夜，这样一个月就相当于四十五天。妇女们之所以要聚集在一起，是为了节省灯火，相互取长补短，积久成俗。

《战国策》记载，甘茂逃离秦国，出了关中地区，遇见了苏代，就对苏代说："江上的一个贫家女子和富家女子一起织布，自己却没有灯烛，一起织布的女子们一起商量，想赶走她。贫家女说：'我因为没有灯，所以常常先到，打扫房屋，铺设席垫，你们何必吝啬照在四周墙壁上的余光呢？希望把多余的光亮赐给我。'"从这可以知道夏、商、周三代时期，民风是如此的淳厚、朴素、勤劳，不但妇女如此，男子也是这样。

《诗经·豳风》中说"昼尔于茅，宵尔索"，意思是指，白天男子上山采集茅草，晚上把茅草搓成绳子，以备冬日晚上用。夜晚作为白天的延续，它的好处很多啊。

俗语算数

| 原文

三三如九，三四十二，二八十六，四四十六，三九二十七，四九三十六，六六三十六，五八四十，五九四十五，六九五十四，七九六十三，八九七十二，九九八十一，皆俗语算数，然《淮南子》中有之。三七二十一，苏秦说齐王之辞也。《汉书·律历志》刘歆典领钟律，奏其辞，亦云八八六十四。杜预[1]注《左传》，天子用八，云八八六十四人，又六六三十六人，四四十六人。如淳、孟康、晋灼注《汉志》，亦有二八十六，三四十二，六八四十八，八八六十四等语。

|| 注释

①杜预：字元凯，西晋杜陵人，著名的政治家和学者。曾为《左传》作注。

||| 译文

三三得九，三四一十二，二八一十六，四四一十六，三九二十七，四九三十六，六六三十六，五八四十，五九四十五，六九五十四，七九六十三，八九七十二，九九八十一，这些都是人们平时计算时用的口诀，但《淮南子》一书中也有记载。三七二十一，是纵横家苏秦游说齐王时说过的话。而在《汉书·律历志》记载刘歆的典领钟律，向皇帝报告的时候，也说过八八六十四。著名学者、西晋大臣杜预在给《左传》作注解时也说，天子用八，是说八八六十四人，又云六六三十六人，四四一十六人。如淳、孟康、晋灼注释的《汉书·艺文志》，也有二八一十六，三四一十二，六八四十八，八八六十四等语。

卷 八

蜘蛛结罔

| 原文

佛经云："蠢动含灵，皆有佛性。"《庄子》云："惟虫能虫，惟虫能天。"盖虽昆虫之微，天机所运[①]，其善巧方便，有非人智虑技解所可及者。蚕之作茧，蜘蛛之结罔，蜂之累[②]房，燕之营巢，蚁之筑垤[③]，螟蛉之祝子之类是已。

虽然，亦各有幸不幸存乎其间。蛛之结罔也，布丝引经[④]，捷急上下，其始为甚难。至于纬而织之，转盼可就[⑤]，疏密分寸，未尝不齐。门槛及花梢竹间，则不终日，必为人与风所败。唯闲屋垝垣，人迹罕至，乃可久久而享其安。故燕巢幕上，季子以为至危。李斯见吏舍厕中鼠食不絜，近人犬，数惊恐之，仓中之鼠食积粟，居大庑[⑥]之下，不见人犬之忧，叹曰："人之贤不肖，譬如鼠矣，在所自处耳！"岂不信哉？

|| 注释

①运：联系。

②累：通"垒"，建造。

③垤（dié）：蚂蚁做窝时堆在洞口的土。

④布丝引经：布置蛛丝，牵引经线。

⑤转盼可就：转眼之间就织成了。

⑥大庑（wǔ）：大房子。庑，堂下周围的走廊、廊屋。

||| 译文

佛经说："蠢动含灵，皆有佛性。"《庄子》中也说："惟虫能虫，惟虫能天。"意思是说，虽然昆虫很微小，但也和天机所联系，它们的巧妙便利，有着人类的智慧和技能所比不上的地方。像蚕作茧，蜘蛛织网，蜜蜂垒房，燕子筑巢，蚂蚁构窝时在洞口堆的小土堆，螟蛉所祝儿子等都是。

虽然这样，它们之间也有幸与不幸。如蜘蛛织网，布置蛛丝，牵引经线，敏捷急促地上下爬动，开始的时候非常艰难。到了织纬线时，则转眼间就织好了，而且宽窄疏密很有分寸，没有不整齐的。织在门槛和花木、竹林之间的，往往不到一天就必定被人或风破坏了。只有织在没人住的空屋里和残垣断壁之间，没有人迹的地方，才可以长时间地安然无事。所以，燕子在帷幕上筑巢，苏秦认为这样很危险。李斯看见衙门的厕所中老鼠吃不干净的食物，人和狗接近时，常常惊慌害怕，粮仓中的老鼠吃仓中积储的粮食，住在大房子下面，没有人狗接近时的惊恐，李斯由此感叹地说："人贤能或没有才能，就像这老鼠一样，在于它所处的位置不同啊！"难道这话没有道理吗？

孙权称至尊

| 原文

陈寿《三国志》，固多出于一时杂史，然独《吴书》称孙权为至尊，方在汉建安为将军时，已如此，至于诸葛亮、周瑜，见之于文字间亦皆然。

周瑜病困，与权书曰："曹公在北，刘备寄寓，此至尊垂虑之日[①]也。"鲁肃破曹公[②]还，权迎之[③]，肃曰："愿至尊威德加乎四海。"吕蒙遣邓玄之说郝普曰："关羽在南郡[④]，至尊身自临之[⑤]。"又曰："至尊遣兵，相继于道[⑥]。"蒙谋取关羽，密陈计策[⑦]，曰："羽所以未便东向者[⑧]，以至尊圣明，蒙等尚存也。”陆逊谓蒙曰：“下[9]见至尊，宜好为计。”甘宁欲图荆州，曰：“刘表虑既不远，儿子又劣，至尊当早规之。”权为张辽掩袭，贺齐曰：“至尊人主，常当持重。”权欲以诸葛恪[10]典掌军粮，诸葛亮书与陆逊曰：“家兄年老，而恪性疏，粮谷军之要最，足下特为启至尊转之。”逊以白权。

凡此之类，皆非所宜称，若以为陈寿作史虚辞，则魏、蜀不然也。

|| 注释

①垂虑之日：日日思考的事情。

②鲁肃破曹公：鲁肃和周瑜联合诸葛亮在赤壁大败曹操。

③权迎之：孙权出去迎接鲁肃。

④南郡：今湖北荆州市江陵一带。

⑤身自临之：离得很近，就像面对着一样。

⑥相继于道：已经出发，相继在路上了。

⑦密陈计策：暗地里筹划布置计策。

⑧羽所以未便东向者：关羽之所以没有非常便利地向东扩展势力。便，便利，顺利。东向，向东扩展势力。

⑨下：我。谦辞。

⑩诸葛恪：诸葛亮之兄诸葛瑾的长子，才思敏捷、善于应对。孙亮继位后，诸葛恪掌握了吴国大权，骄奢轻敌，被孙峻联合孙亮设计杀害，夷灭三族。

||| 译文

陈寿编撰的《三国志》，资料多是来源于当地的杂史，但是唯独在《三国志·吴书》中称孙权为“至尊”，当初孙权在汉朝建安年间做将军时，就是这样了，至于诸葛亮、周瑜二人，见于文字记载也和孙权一样。

周瑜病重时，给孙权写信说：“曹操占据北方，刘备借口寄身驻扎荆州，这二人是至尊您日夜思考的事啊。”鲁肃奉命和诸葛亮合兵在赤壁大破曹操，胜利而归，孙权去迎接他，鲁肃说："祝愿至尊您的威望恩德泽被天下。"吕蒙派邓玄之游说郝普时说："关羽统领南郡（今湖北江陵），至尊所在的地方离他很近，就像面对着他，很不安全。"又说："至尊调派了军队，已相继出发，现在已在路上了。"吕蒙想用计谋攻打关羽，秘密地布置计谋策略，他说："关羽之所以没有很顺利地向东扩展势力，是因至尊圣明，我等一干人还在的原因。"陆逊对吕蒙说："我见到至尊，应当很好地为他出谋划策。"甘宁想夺取荆州，他说："既然刘表考虑事情不甚长远，他的儿子又弱小不成才，至尊您应当早日谋划。"孙权被曹操的大将张辽偷袭，贺齐说："至尊您身为主公，应当时常稳重固守。"孙权想让诸葛恪主管掌握军中粮草大权，诸葛亮写信给陆逊说："我的哥哥诸葛瑾年纪大了，而且他的儿子诸葛恪性情疏散，粮草是军中至关重要的物资，他不宜掌管，特地请您转告至尊，另换他人。"陆逊把这话转告了孙权。

所有这些，都不是适宜的称呼，如果认为陈寿写《三国志》这部史书时，用的是不真实的言词，那么魏国、蜀国就不是那回事了。

卷 九

深沟高垒

原文

韩信伐赵，赵陈余聚兵井陉口御[①]之。李左车说余曰："信乘胜而去国远斗[②]，其锋不可当。愿假奇兵从间道绝其辎重[③]，而深沟高垒[④]勿与战。彼前[⑤]不得斗，退不得还，不至十日，信之头可致麾下[⑥]。"余不听，一战成禽。

七国反，周亚夫将兵往击[⑦]，会兵荥阳，邓都尉曰："吴、楚兵锐甚，难与争锋。愿以梁委[⑧]之，而东北壁昌邑，深沟高垒，使轻兵塞其饟道[⑨]，以全制其极。"亚夫从之，吴果败亡。

李、邓之策一也，而用与不用则异耳。

秦军武安西，以攻阏与。赵奢救之，去邯郸三十里，坚壁，二十八日不行，复益增垒。既乃卷甲而趋之，大破秦军。奢之将略[⑩]，所谓玩敌于股掌之上，虽未合战而胜形已著矣。前所云邓都尉者，亚夫故父绛侯客也。《晁错传》云："错已死，谒者仆射邓公为校尉，击吴、楚为将。还，上书言军事，拜为城阳中尉。"邓公者，岂非邓都尉乎？《亚夫传》以为此策乃自请而后行，颜师古疑其不同，然以事料之，必非出于己也。

注释

①御：抵抗。

②去国远斗：远离本国来开战。

③辎重：粮草运输。

④深沟高垒：深挖战壕，高筑壁垒。

⑤前：前进。

⑥麾下：对将帅的敬称。

⑦将兵往击：带领军队前往镇压。

⑧委：抛弃，舍弃。

⑨使轻兵塞其饟道：用轻兵控制他们的干道，截断他们的粮草运输。

⑩将略：带兵的韬略。

||| 译文

韩信带兵攻打赵国，赵将陈余屯兵在井陉口（今河北井陉西北）抵御他。陈余部下有个叫李左车的分析了作战形势，并且提出了建议。他说："现在韩信的军队远离本国，乘胜而来，要与我军决战，其势锐不可当。我请求交给我一支精兵，从小道前进，直插交通线上，切断韩军的粮饷运输。然后，动员士兵深挖战壕，高筑壁垒，严密防守，使韩军处于进攻不能靠前，退走无路可还的地步。这样，要不了十天，韩信的头就可以挂在将军您的战旗之下。"陈余没有听取这一建议，贸然与韩信进行决战，结果一败涂地，陈余本人也成了俘虏。

汉景帝即位三年，以吴王刘濞为首的吴、楚等七国发动叛乱。景帝派周亚夫率兵前往镇压。两军在荥阳（今属河南）相遇。周亚夫部下的邓都尉分析了作战形势，并且提出了对策。他说："吴楚七国的叛军，现在士气正盛，我军与他们展开决战，很难取胜。我建议先把梁国之地让给他们，在昌邑深挖壕沟，高筑壁垒，严阵以待。同时派轻兵迅速控制交通干线，截断他们的粮饷运送，使他们无法施展威力。"周亚夫听后，非常高兴，采纳这一建议，立即做了周密的部署，结果，使叛军大败。

李左车与邓都尉都是在战前为其主将献计献策的，这一点是共同的，但是采用还是不用，其结果则大不相同。

战国时期，秦国攻打赵国时，将军队聚集在武安（今属河北）的西面，准备进攻阏与（今山西和顺）。赵国派大将赵奢带兵前往救援，在距邯郸（今属河北）三十里的地方，安营扎寨，构筑工事，一直驻了二十八天，没有出击，并且继续构筑工事，给秦军造成一种不敢出战的错觉。不久，赵军倾巢出动，大举进攻，来势凶猛，结果秦军被打得落花流水。赵奢的用兵韬略，被人们称之为“玩敌于股掌之上”，在未进行交战之前一定取胜的形势就很明确了。前面所说的邓都尉，是周亚夫故父绛侯的门客。《晁错传》中说：“晁错死后，谒者仆射邓公担任校尉，在平定吴楚七国之乱中任为将军。叛乱被平定之后，回京，上书述论军事，升为城阳中尉。”这里所说的邓公，岂不是邓都尉吗？《周亚夫传》中以为这一策略是周亚夫自己提出而后实行的，颜师古对于此说表示怀疑。然而，从当时的实际情况来看，这一策略，必定不是出于周亚夫本人。

太公丹书

原文

太公《丹书》今罕见于世，黄鲁直于礼书得其诸铭而书之，然不著其本始。予读《大戴礼·武王践阼篇》，载之甚备，故悉纪录以遗好古君子云：“武王践阼[①]三日，召士大夫而问焉，曰：‘恶有藏之约，行之行[②]，万世可以为子孙恒者乎？’皆曰：‘未得闻也。’然后召师尚父而问焉，曰：‘黄帝、颛顼之道可得见与？’师尚父曰：‘在《丹书》。王欲闻之，则斋矣。’王斋三日，尚父端冕奉书[③]，道书之言曰：‘“敬胜怠者吉，怠胜敬者灭；义胜欲者从，欲胜义者凶。凡事不强则枉[④]，弗敬则不正[⑤]，枉者灭废，敬者万世。”藏之约，行之行，可以为子孙恒者，此言之谓也。’又曰：‘以仁得之，以仁守之，其量百世；以不仁得之，以仁守之，其量[⑥]十世；以不仁得之，以不仁守之，必及其世。’王闻《书》之言，惕若[⑦]恐惧。退而为《戒书》，于席之四端为铭。前左端曰：‘安乐必敬。’前右端曰：‘无行可悔。’后左端曰：‘一反一侧[8]，亦不可以忘。’后右端曰：‘所监不远，视尔所代。’机之铭曰：‘皇皇惟敬口，口生敬，口生，口口[9]。’鉴之铭曰：‘见尔前，虑尔后。’盥盘之铭曰：‘与其溺于人也，宁溺于渊。溺于渊，犹可游也；溺于人，不可救也。’楹之铭曰：‘毋曰胡残，其祸将然；毋曰胡害，其祸将大；毋曰胡[10]伤，其祸将长。’杖之铭曰：‘恶乎危？於忿。恶乎失道？於嗜欲。恶乎相忘？於富贵。’带之铭曰：‘火灭修容，慎戒必共，共则寿。’屦之铭曰：‘慎之劳，劳则富。’觞豆[11]之铭曰：‘食自杖，食自杖[12]，戒之憍，憍则逃。’户之铭曰：‘夫名难得而易失。无勤弗志，而曰我知之乎？无勤弗及，而曰我杖之乎？扰阻以泥之，若风将至，必先摇摇，虽有圣人，不能为谋也。’牖之铭曰：‘随天之时，以地之财，敬祀皇天，敬以先时。’剑之铭曰：‘带之以为服，动必行德，行德则兴，倍德则崩[13]。’弓之铭曰：‘屈申之义，发之行之，无忘自过。’矛之铭曰：‘造矛造矛，少间弗忍，终身之羞。予一人所闻，以戒后世子孙。’”凡十六铭。贾谊《政事书》所陈教太子一节千余言，皆此书《保傅篇》之文，然及胡亥、赵高之事，则为汉儒所作可知矣。《汉昭帝纪》“通《保傅传》”，文颖注曰：“贾谊作，在《礼·大戴记》。”其此书乎？荀卿《议兵篇》：“敬胜怠则吉，怠胜敬则灭；计胜欲则从，欲胜计则凶。”盖出诸此。《左传》晋斐豹“著于丹书”，谓以丹书其罪也。其名偶与之同耳。汉祖有丹书铁契以待[14]功臣，盖又不同也。

注释

①践阼：继位。践，登上。阼，皇位。

②“恶有”二句：有没有保存下来的古代规约，行动方法。恶，同“乌”，疑问词，哪，何。藏，保存。行之行，行动方法。

③端冕奉书：端着官冕手捧书本。奉，通“捧”。

④枉：偏差。

⑤不正：偏门，歪门邪道。

⑥量：持续。

⑦惕若：胆战心惊的样子。

⑧一反一侧：一点一滴的思考所得。

⑨口口：口能戕害自己。意即祸从口出。

⑩胡：不。

⑪觞豆：觞与豆。古代盛酒肴的器具。

⑫食自杖：贪食就自我惩罚，自我反省。杖，杖刑，此处代指惩罚。

⑬倍德则崩：违背道德就会崩溃。

⑭待：待遇，加赏。

||| 译文

姜太公的《丹书》如今很罕见，黄庭坚从礼书中的各种铭文上抄了下来，但是没注明最原始的来源。我阅读《大戴礼·武王践阼篇》，其中记载的很详细，所以全部记录下来赠给喜好古代文化的人们："周武王刚登基三天，就召集士大夫们问他们：'有没有保存的古代规约，行动方法，特别是那些可以永远指导子孙后代的呢？'士大夫们都说：'没听说过。'然后又召来太师姜尚父问道：'您看见过黄帝、颛顼治国之道吗？'太师姜尚父说：'在《丹书》上见过。大王要想听讲，就斋戒吧。'武王斋戒了三天，姜尚父端着官冕手捧书本，为武王读书中的话：'"恭敬胜过懈怠的就会吉祥，懈怠胜过恭敬的就会夭亡；仁义胜过欲望的就顺利，欲望胜过仁义的就凶险。凡是办事情不努力就会出偏差，不恭敬就会导致歪门邪道，偏差歪邪就会毁灭，恭敬认真就会永世长存。"所谓保存的古代规约，行为之方法，可以永远指导子孙后代的东西，说的就是这些。'书中又说：'靠仁义得到国家，靠仁义保护国家，就会有百世不变的江山；靠不仁得到国家，用仁义保护，就会有十世江山；靠不仁得到国家，用不仁不义的东西保护，祸害马上就来了。'武王听了《丹书》中的话，胆战心惊。退朝后就写了《戒书》，贴在座席的四端作为座右铭。左前方的铭文为：'处在安乐之中也一定要恭敬谨慎。'右前方的铭文是：'没有让人后悔的行为。'左后方的铭文是：'一点一滴的思考所得，也不应忘记。’右后方的铭文是：‘如不能高瞻远瞩，就只能看到眼前。’桌几上的铭文是：‘诚惶诚恐只有恭敬，口生耻辱，口能戕害自己。’镜子上的铭文是：‘事前要有所预见，事后要有所思考。’盥盘上的铭文是：‘与其被人所溺，不如溺于深渊。溺于深渊，还可以游出；而被人所陷害，就不可救了。’门楹上的铭文是：‘不要说自己不残忍，那会导致灾祸；不要说自己没为害，那会有大祸；不要说自己没有伤害，那会有长久祸害。’手杖上的铭文是：‘什么时间危险？当因挫折而愤怒时；什么时候失去常道？当贪图物欲的时候；什么时候互相忘却？当富贵的时候。’带子上的铭文是：‘火灭后要维修盛水的容器，谨慎提防一定会平安，平安就会长寿。’履上的铭文是：‘贪食就自我惩罚，自我惩罚，要提防不得已的喝酒，遇到这种情况就逃避。’门户上的铭文是：‘人的美名难得而容易失去。一个人没有勤劳和志气，而能说自己聪明吗？不经常反思自我，而能说自己能自审吗？各种阻碍干扰对人来说，好像风就要来了，一定会先有树的摇摆，有时即使是圣人，也不能深谋熟虑。’窗上的铭文是：‘要遵从天时，利用地利，以此来敬祀皇天，敬祀先时。’剑上的铭文是：‘带上它的时候，行动一定要讲道德，行动合乎道德就会兴旺，违背道德就会崩溃。’弓上的铭文是：‘屈和申的大义，在于发射和行动都不要忘记自我反思。’矛上的铭文是：‘制造矛制作矛，如有瞬息的不能容忍，就会终身羞愧。我一个人所听到的，告诫后世子孙。’一共十六种铭文。贾谊在《政事书》中所讲的教太子的一段话一千多字，都是出自这本书中的《保傅篇》，然而到了胡亥，赵高的事情，则是由汉代文人所作的。《汉书·昭帝纪》“通《保傅传》”，文颖的注解说：“贾谊所作，在《礼记·大戴记》中。”难道说的是《丹书》吗？荀子《议兵篇》说：“恭敬胜过懈怠就吉祥，懈怠胜过恭敬就灭亡；计谋胜过欲望就顺利，欲望压倒计谋就凶险。”这话大概也是出于《丹书》。《左传》中说晋斐豹“写在丹书里”，说因丹书而获罪。这只不过是偶然的同名书而已。汉高祖有用丹书铁契对待功臣的事情，大概又不同于《丹书》。

卷十

曹参不荐士

| 原文

曹参代萧何为汉相国，日夜饮酒不事事，自云："高皇帝与何定天下，法令既明，遵而勿失，不亦可乎！"是则然矣，然以其时考之，承暴秦之后，高帝创业尚浅，日不暇给，岂无一事可关心者哉？其初相齐，闻胶西盖公善治黄、老言，使人厚币请之。盖公为言治道贵清净而民自定。参于是避正堂以舍之[①]，其治要用黄、老术。故相齐九年，齐国安集。然入相汉时，未尝引盖公为助也。齐处士东郭先生、梁石君[②]隐居深山，蒯彻[③]为参客，或谓彻曰："先生之于曹相国，拾遗举过，显贤进能[④]，二人者，世俗所不及，何不进之于相国乎？"彻以告参，参皆以为上宾。彻善齐人安其生[⑤]，尝干项羽，羽不能用其策。羽欲封此两人，两人卒不受。凡此数贤，参皆不之用，若非史策失其传，则参不荐士之过多矣。

|| 注释

①避正堂以舍之：让出正屋给盖公居住。

②东郭先生、梁石君：两人都是齐国人。齐王田荣反项羽，挟持齐国士人，不从者皆杀之。东郭先生与梁石君也在其中，等到田荣兵败，二人以跟从田荣为耻，故隐居深山。后蒯通向曹参推荐，曹参将两人奉为座上宾。

③蒯彻：即蒯通，本名彻，后为避汉武帝忌讳，更名为通。西汉范

阳人，善机谋权变。

④“拾遗”二句：指出他（曹参）思虑欠周之处，纠正他犯下的过失并选举贤才，推荐能人。拾遗，纠正过失。

⑤安其生：即安期生，据传为秦汉间齐人，与蒯通交好。方士、道家者称其为千岁翁。

||| 译文

曹参继萧何之后担任汉惠帝的丞相，上任后日夜饮酒，无所事事，而且还为自己辩解：“高祖刘邦与萧何丞相平定了天下，已经制定出严明周密的法令，我完全遵照执行，不出差错，难道不行吗？”这话当然没错，但是考察他所处的时代，当时正值残暴的秦朝灭亡后不久，高祖皇帝创下基业的时间还不长，百废待兴，令人日不暇给，难道会没有一件事情值得丞相大人关心吗？曹参当初在任齐国相时，听说胶西（今山东高密西南）的盖公精通黄老之术，便派人以厚礼邀请。盖公对他说，治国之道，最重要的是要清静无为，不多生事端，这样老百姓自然会安居乐业，没有异心。曹参深表赞赏，当即腾出正房供盖公居住，并且实实在在地以黄老学说为指导思想治理国家。所以他任齐国相九年，齐国平安无事。不过，曹参就任西汉王朝的丞相时，并没有以盖公为助手。齐国的东郭先生和梁石君是两位世外高人，隐居在深山老林之中。有人对曹参的宾客蒯彻（即蒯通）说：“先生与曹相国关系莫逆，能够为他指出思虑欠周之处及所犯的过失，并能荐举才德优异之人，这两位隐士都是普通世人所无法比拟的人物，您为什么不把他们推荐给曹相国呢？”蒯彻向曹参推荐后，曹参把他们都待为上宾。蒯彻与齐国的安其生关系很好，他们曾经向楚霸王项羽献计献策，但项羽不予采纳。项羽想给他们两个封官授爵，二人始终不接受。连这几位大贤，曹参都不能重用，如果史书记载无误的话，曹参不能荐举士人的过错可就太严重了。

民不畏死

| 原文

老子曰："民常不畏死，奈何以死惧之？若使人常畏死，则为奇者吾得执[①]而杀之，孰敢？"读者至此，多以为老氏好杀。夫老氏岂好杀者哉！旨意盖以戒时君、世主视民为至愚、至贱，轻尽其命，若刈草菅，使之知民情状，人人能与我为敌国，懔乎常有朽索驭六马之惧[②]。故继之曰："常有司[③]杀者杀。夫代司杀者杀，是代大匠斲[④]。夫代大匠斲，希[⑤]有不伤其手矣。"下篇又曰："人之轻死，以其生生之厚，是以轻死。"且人情莫不欲寿，虽衰贫至骨[⑥]，濒于饿隶，其与受僇而死有间矣，乌有不畏者哉？自古以来，时运俶扰，至于空天下而为盗贼，及夷考其故，乱之始生，民未尝有不靖之心也。秦、汉、隋、唐之末，土崩鱼烂，比屋可诛。然凶暴如王仙芝、黄巢，不过侥觊[⑦]一官而已，使君相御之得其道，岂复有滔天之患哉！龚遂之清渤海，冯异之定关中，高仁厚之平蜀盗，王先成之说王宗侃，民情可见。世之君子，能深味老氏之训，思过半矣。

|| 注释

①得执：可以抓起来。

②常有朽索驭六马之惧：常常有像用腐朽的绳索去套六匹马拉的破车这样的忧虑和恐惧。

③司：掌管。

④斲：砍伐。

⑤希：少。

⑥衰贫至骨：穷困潦倒到极点。

⑦侥觊：觊觎。

||| 译文

老子说："老百姓经常不怕死，用死来吓唬他们有什么用呢？如果真能使人们都怕死，那么对于极少数胆敢作奸犯科、不顾身家性命的人，我就可以把他们抓起来统统处死，这样谁还敢违法取死呢？”读到这里，多数人都会认为老子是个好杀之人。实际上，老子哪里是什么好杀之人呢！他的本意只不过是想告诫那些高高在上的统治者，千万不要把老百姓视为最愚蠢、最卑贱之人，随心所欲地处死他们就如同铲除小草一样。老子希望君主们能全面了解老百姓的真实情况，明白每一个人都可能像敌对国家一样对自己构成严重的威胁，因而时刻提心吊胆，高度警惕，犹如用腐朽的绳索套着六匹马拉的一辆破车。所以他接着说道：“经常有专管杀人的人去杀。代替专管杀人的人去杀，就如同代替木匠砍木头。代替木匠砍木头，很少有不砍伤自己手指的。”老子在下一篇中又说道：“老百姓之所以轻率地不惜以生命去冒险，是因为统治者拼命地想使自己生活得更加舒适，以致逼得百姓不惜生命去冒险。”况且希望长寿是人之常情，即使是穷困潦倒到了极点的人，其处境已与饥寒交迫的奴隶相似，但是和受戮而死仍然是大不相同的，难道会有人不怕吗？自古以来，时运多变，甚至于普天之下的人都揭竿而起，铤而走险，可是仔细地探究事变发生的原因后就会发现，事变初起时，老百姓并没有不安分之心。秦、汉、隋、唐末期，形势犹如土崩瓦解、鱼腐肉烂，几乎家家有罪，人人可杀。可是像王仙芝、黄巢这样的罪魁祸首，所觊觎的只不过是一官半职而已。如果国君和宰相御下有方，难道会造成无法收拾的局面吗？从西汉龚遂之肃清渤海郡（今河北南皮北），东汉冯异之平定关中，高仁厚之镇压蜀盗，王先成之劝说王宗侃等事，可以清楚地看出民情，只要能够活下去，他们并不愿意犯上作乱。世上的君子，如果能够仔细地玩味老子的这番话，就可以少犯很多错误。

卷十一

兵部名存

|原文

唐因隋制，尚书置六曹。吏部、兵部分掌铨选，文属吏部，武属兵部。自三品以上官册授，五品以上制授，六品以下敕授，皆委尚书省奏拟。两部各列三铨：曰尚书铨，尚书主之。曰东铨；曰西铨，侍郎二人主之。吏居左，兵居右，是为前行[①]。故兵部班级在户、刑、礼之上。睿宗初政[②]，以宋璟为吏部尚书，李乂、卢从愿为侍郎；姚元之为兵部尚书，陆象先、卢怀慎为侍郎。六人皆名臣，二选称治[③]。其后用人不能悉得贤，然兵部为甚。其变而为三班流外铨，不知自何时。元丰[④]官制行，一切更改，凡选事[⑤]，无论文武，悉以付吏部。苏东坡当元祐中拜兵书，谢表云："恭惟先帝复六卿之名，本欲后人识三代之旧，古今殊制[⑥]，闲剧异宜，武选隶于天官，兵政总于枢辅，故司马之职，独省文书。"盖纪其实也。今本曹所掌，惟诸州厢军名籍，及每大礼，则书写蕃官加恩告。虽[⑦]有所辖司局，如金吾街仗司、骐骥车辂象院、法物库、仪鸾司，不过每季郎官一往[⑧]耳。名存实亡，一至于是[⑨]！

||注释

①是为前行：这就是朝廷官制的前身。

②初政：刚开始执掌政权的时候。

③称治：治理得非常好，得到人民的普遍赞扬。

④元丰：宋神宗的一个年号。

⑤凡选事：凡涉及选举的事情。

⑥古今殊制：古今制度有很大不同。

⑦虽：即使。

⑧一往：前往一次。

⑨一至于是：竟然到了这种程度。

译文

唐朝沿袭隋朝的制度，在尚书省设置六曹。吏部和兵部分掌铨选，文职属吏部，武职属兵部。三品以上的官员实行册封，五品以上的制封，六品以下的敕封，文武官员都由尚书省奏批。两部各设三铨，即尚书铨，东铨，西铨。尚书铨由尚书主管，东、西铨各由一名侍郎负责。吏部居左，兵部居右，这就是朝廷官制的前身。所以，兵部的班次在户部、刑部、礼部之上。睿宗刚开始执政时，任命宋璟为吏部尚书，李乂、卢从愿为吏部侍郎；任命姚元之为兵部尚书，陆象先、卢怀慎为兵部侍郎。这六个人都是一代名臣，因而文、武二选的事务都被处理得妥妥帖帖，有条有理，得到了广大士民的普遍赞扬。此后所用的人并不全是德才兼备的人，尤其是兵部。不知从什么时候开始，这种制度变成了三班流外铨。宋神宗元丰年间全面改革官制，一切更改，有关选举之事，无论文武，全由吏部负责。苏东坡在哲宗元祐年间被委任为兵部尚书，他上给皇帝谢恩表说："先帝恢复六卿之名，本来是想让后人了解夏、商、周三代的旧制，明白古今制度不同，宽猛因时而异，现在将武选划归天官（即吏部）负责，兵政由枢密院总领，因而司马（指兵部尚书）之职，仅仅是省览文书而已。"苏轼所说的大约确是当时的实际情况。今天兵部所主管的事务，只是各州厢军的花名册，以及每当有重大庆典时，负责拟写蕃官的加恩告。即使是兵部所辖的司局，如金吾街仗司、骐骥车辂象院、法物库、仪鸾司等，也只不过是由郎官每季前去转一圈而已。名存实亡，竟至如此程度！

武官名不正

| 原文

文官郎、大夫，武官将军、校尉，自秦、汉以来有之。至于阶秩品著[①]，则由晋、魏至唐始定。唐文散阶二十九，自开府、特进之下，为大夫者十一，为郎者十六。武散阶四十五，为将军者十二，为校尉者十六。此外怀化、归德大将军，讫于[②]司戈、执戟，皆以待[③]蕃戎之君长臣仆。本朝因之。元丰正[④]官制，废文散阶，而易旧省部寺监名，称为郎、大夫，曰寄禄官。政和中，改选人七阶亦为郎，欲以将军、校尉易横行以下诸使至三班借职，而西班用事者[⑤]嫌其涂辙太殊，亦请改为郎、大夫，于是以卒伍厮圉[⑥]玷污此名，又以节度使至刺史专为武臣正任。且郎、大夫，汉以处[⑦]名流，观察使在唐为方伯，刺史在汉为监司，在唐为郡守，岂介胄恩幸[⑧]所得处哉？此其名尤不正者也。

|| 注释

①阶秩品著：官员的等级、俸禄和服饰。阶秩，指官吏的职位和品级。品，等级，种类。著，通“着”，衣着服饰。

②讫于：截至，到。

③待：专门授给。同“虚位以待”。

④正：改革，革新。

⑤用事者：当权者。

⑥卒伍厮圉：士卒、杂役等低贱之人。圉，养马的地方。

⑦处：安置。

⑧恩幸：被皇帝宠幸的小人。

||| 译文

文官郎、大夫，武官将军、校尉，从秦汉以后一直都有。至于官吏的品级、俸禄和衣饰，则从晋、魏到唐朝才逐渐确定下来。在唐朝，文散阶有二十九级，自开府、特进以下，大夫有十一级，郎有十六级。武散阶有四十五级，其中将军十二级，校尉十六级。此外，从怀化、归德大将军至司戈、执戟，都是专门授给少数民族的酋长以及臣仆的。我们大宋朝继续沿用这种制度。元丰年间改革官制时，废除了文散阶，而改为过去的省、部、寺、监名，称郎、大夫等，这就是所谓的寄禄官，仅表示官吏的品级，而无实掌。宋徽宗政和年间，将选人七阶也改为郎，计划用将军、校尉等名称取代横行以下诸使至三班借职，可是西班的当权者嫌两种仕途悬殊太大，也请求将本系统的官名改为郎、大夫，于是以军人、杂役等玷污这些官名，又以节度使至刺史专门作为武臣的正任。况且，郎、大夫之职在汉代是用来安置名流的，观察使在唐朝是一方最高长官，刺史在汉代是监察官，在唐朝是郡守，哪里是武夫和受宠的小人所能充任的？这是武官中名实尤其不符的。

卷十二

无用之用

原文

庄子云："人皆知有用之用，而莫知无用之用。"又云："知无用，而始可与言用矣。夫地非不广且大也，人之所用，容足[①]耳。然则厕足而垫之致黄泉，所谓无用之为用也亦明矣。"此义本起于《老子》"三十辐共一毂[②]，当其无，有车之用"一章。《学记》："鼓无当于五声[③]，五声弗得不备[④]；水无当于五色[⑤]，五色弗得不章[⑥]。"其理一也。今夫飞者以翼为用，絷[⑦]其足，则不能飞。走者以足为用，缚其手，则不能走。举场较艺[⑧]，所务者才也，而拙钝者亦为之用。战陈角胜[⑨]，所先者勇也，而老怯者亦为之用。则有用、无用，若之何而可分别哉？故为国者，其勿以无用待天之下士，则善矣！

注释

①容足：立足之地。

②三十辐共一毂：三十根辐条集中到一个车毂上。

③五声：宫、商、角、徵、羽。

④备：完备，完美。

⑤五色：青、黄、赤、白、黑。

⑥章：彰显。

⑦絷（zhí）：捆绑。

⑧举场较艺：科举考场上较量技艺。

⑨战陈角胜：在战场上取得胜利。战陈，即“战阵”，战场。

||| 译文

庄子说：“人们都知道有用的作用，却没有人知道无用的作用。”又说：“知道无用，然后才可以与你谈论有用。土地不是不广大啊，可是人所使用的地方只不过是立足之地而已。既然只有这一小块立足之地有用，那么，把此外无用的土地都挖掉，一直挖到黄泉，这时人所站立的这一小块立足之地难道还有用处吗？由此看来，所谓无用的用处也就很明显了。”这种说法起源于《老子》一书中“三十根辐条集中到一个车毂上，有了车毂中间的空洞，才有了车的作用”一章。《初学记》中说：“鼓声虽然不在五声（即宫、商、角、徵、羽）之列，但是如果没有它，五声就不完美；水色虽然不在五色（指青、黄、赤、白、黑）之列，可是如果没有它，五色就难以明现。”其道理是一样的。现在，那些会飞的动物是使用翅膀飞的，可是如果捆住它们的腿，它们就飞不起来。人们走路是用脚的，可是如果捆住双手，他们就跑不快。在科场上比试技艺，所注重的是真才实学，而才智平常的人也有用处。在战场上克敌制胜，需要的是勇力，而年老胆怯的人也有用处。如此，有用和无用，怎么能一概而分呢？所以，治国的人如果能不以“无用”来看待天下的士人，事情就好办了！

东坡论庄子

| 原文

东坡先生作《庄子祠堂记》，辨其不诋訾[①]孔子。“尝疑《盗跖》《渔父》则真若[②]诋孔子者，至于《让王》《说剑》，皆浅陋不入于道[③]。反复观之，得其《寓言》之终曰：‘阳子居[④]西游于秦，遇老子。其往也，舍者将迎其家，公执席[⑤]，妻执巾栉[⑥]，舍者避席[⑦]，炀者避灶[⑧]。其反[⑨]也，与之争席矣。’去其《让王》《说剑》《渔父》《盗跖》四篇，以合于《列御寇》之篇，曰：‘列御寇之齐，中道而反，曰：“吾惊焉，吾食于十浆，而五浆先馈。”’然后悟而笑曰：‘是固一章也。’庄子之言未终，而昧者剿之[10]，以入其言尔。”东坡之识见至矣，尽矣。故其《祭徐君猷》文云：“争席满前，无复十浆而五馈。”用为一事。今之庄周书《寓言》第二十七，继之以《让王》《盗跖》《说剑》《渔父》，乃至《列御寇》为第三十二篇，读之者可以涣然冰释也。

予案，《列子》书第二篇内首载御寇馈浆事数百言，即缀以杨朱争席一节，正与东坡之旨异世同符，而坡公记不及此，岂非作文时偶忘之乎！

陆德明《释文》：“郭子玄云，一曲之才，妄窜奇说[11]，若《阏弈》《意修》之首，《危言》《游凫》《子胥》之篇，凡诸巧杂，十分有三。《汉·艺文志》《庄子》五十二篇，即司马彪、孟氏所注是也，言多诡诞，或似《山海经》，或类占梦书，故注者以意去取，其《内篇》众家并同。”予参以此说，坡公所谓昧者，其然乎？《阏弈》《游凫》诸篇，今无复存矣。

|| 注释

①訾訾（zǐ）：诋毁。

②真若：真的像，的确像。

③皆浅陋不入于道：都很浅薄简陋，与道家思想不相合。

④阳子居：即杨朱，字子居，战国时期魏国人。他的学说核心是爱己，拔一毛而为天下利亦不为也，所以遭到儒家的贬斥，被儒家学说斥为异端。

⑤公执席：男主人拿着席子，请他坐在席子上。

⑥妻执巾栉：女主人则恭恭敬敬地拿来漱洗的毛巾、梳子等用品。巾栉，巾和梳篦，泛指盥洗用具。

⑦舍者避席：许多本来的客人都赶紧离席而去。

⑧炀者避灶：烤火的人也都离开灶膛而去。炀，烤火。

⑨反：通“返”，返回。

⑩昧者剿之：蒙昧无知的人将它（杨朱的话语）割裂开来。剿，将别人的话语作为自己的。

⑪妄窜奇说：任意窜改前人的文章，发表一些离奇的观点。

||| 译文

苏东坡先生曾写了一篇《庄子祠堂记》，辨明庄子并不是诋毁孔子。他说：“我曾怀疑《盗跖》与《渔父》二篇的确像是诋毁孔子的，至于《让王》《说剑》二篇则结构松散，文辞浅陋，其思想与庄子的道家思想格格不入，显系伪作。我经过反复的阅读、揣摩，发现《寓言》篇的结尾说：‘阳子居（即杨朱，字子居）向西游历秦国，半道上遇见老子。当他到达沛城的时候，馆舍的客人出来迎接他到客舍；男主人拿着席子侍候他坐下休息；女主人则送来梳洗用品，毕恭毕敬；有的客人连忙离席而去；烤火的人也离开灶台悄悄溜走。当阳子居从沛地返回时，馆舍的客人们都同他随意争席而坐，不分彼此了。’下面如果去掉《让王》《说剑》《渔父》《盗跖》四篇，直接与《列御寇》的首段相接，文意是非常通顺的。《列御寇》的第一段说：‘列御寇前往齐国，半道就返回来了，说：“我碰到了令人惊异的事情，我曾在十家茶馆喝茶，竟有五家争先把茶水送上来。”’经过揣摩，我恍然大悟，不禁说道：‘这本来就是同一篇的内容。’庄子的话还没有说完，蒙昧无知的人就将它强行割裂开来，以便插入自己的作品。”苏东坡的见解实在是太高明，太周全了。所以，他的《祭徐君猷》文说：“人人争先恐后地抢占座位，不再有到十家吃饭而五家抢先上菜的情景。”将杨朱和列御寇的事用作一件事。今天看到的《庄子》中，《寓言》为第二十七篇，接着是《让王》《盗跖》《说剑》《渔父》四篇，《列御寇》被列为第三十二篇，阅读时隔过中间四篇，将《寓言》与《列御寇》两篇直接连在一起读，就会感到许多疑点都涣然冰释，不复存在。

在《列子》第二篇中，先记载了列御寇被店家先行馈饷饮品的事，竟用了数百字，紧接着便记述杨朱争席一事，正好与苏东坡的意思完全相同，尽管两人的时代相差一千余年。不过，在苏东坡的文章中只字未提《列子》的记载，莫非是写文章时偶然忘记了吗？

陆德明的《经典释文》载：“郭子玄说，个别有点歪才的学者，不知天高地厚，竟然在《庄子》中大量掺假，如《阏弈》《意修》二篇的开头，和《危言》《游凫》《子胥》等篇中，被巧妙地掺入的伪作，竟有十分之三以上。《汉书·艺文志》说《庄子》有五十二篇，也就是司马彪和孟氏所注的那个本子，语言多有诡诞之处，有些像是《山海经》，有些像是占梦书，因此，作注的人根据自己的见解随意取舍，只有《庄子》的《内篇》，各家都是一样的。”我参考了这种说法，苏东坡先生所说的愚昧无知之人，莫非指的就是这些人？《阏弈》《游凫》等篇，今天已经不复存在了。

卷十三

科举恩数

| 原文

国朝科举取士，自太平兴国以来，恩典始重。然各出一时制旨，未尝辄同，士子随所得而受之，初不以官之大小有所祈诉也。太平之二年，进士一百九人，吕蒙正以下四人得将作丞，余皆大理评事，充诸州通判[①]。三年，七十四人，胡旦以下四人将作丞，余并为评事，充通判及监当。五年，一百二十一人，苏易简以下二十三人皆将作丞通判。八年，二百三十九人，自王世则以下十八人，以评事知县，余授判司簿尉。未几，世则等移通判，簿尉改知令录。明年，并迁守评事。雍熙二年，二百五十八人，自梁颢以下二十一人，才得节察推官。端拱元年，二十八人，自程宿以下，但权知诸县簿尉。二年，一百八十六人，陈尧叟、曾会至得光禄丞、直史馆，而第三人姚揆，但防御推官。淳化三年，三百五十三人，孙何以下，二人将作丞，二人评事[②]，第五人以下，皆吏部注拟。咸平元年，孙仅但得防推。二年，孙暨以下，但免选注官。盖此两榜，真宗在谅闇，礼部所放，故杀其礼。及三年，陈尧咨登第，然后六人将作丞，四十二人评事；第二甲一百三十四人，节度推官、军事判官；第三甲八十人，防团军事推官。

|| 注释

①通判：官名。在知府下掌管粮运、家田、水利和诉讼等事项。

②评事：官名。隋炀帝置。

译文

我大宋朝以科举取士，从太宗太平兴国以后，恩典开始日益受到重视。然而，这些恩典都是出于皇帝一时的谕旨，从来没有完全一样的。起初，士人们考中后朝廷授予什么官职，他们就接受什么官职，并不计较官位的高低。太平兴国二年（公元 977 年），取恩科进士一百零九人，吕蒙正以下的四人被授予将作丞之职，其余的人都被授予大理评事一职，充任诸州通判。三年，取进士七十四人，胡旦以下四人授将作丞，其余的人都授大理评事，充各州通判及监当。五年，取一百二十一人，苏易简以下二十三人都授将作丞、通判。八年，取二百三十九人，从王世则以下的十八人都以评事的身份任知县，其他的人都授判司簿尉。不久，王世则等升任通判，司簿尉改为知令录。次年，这些知令录们都被破格提升为守评事。雍熙二年（公元 985 年），取二百五十八人，自梁颢以下二十一人，仅被授为节察推官。端拱元年（公元 988 年），取二十八人，从程宿以下，都仅被授为权知诸县簿尉。二年，取一百八十六人，名列前茅的陈尧叟、曾会至被授为光禄丞、直史馆，而第三名姚揆仅被授为防御推官。淳化三年（公元 992 年），取进士三百五十三人，孙何以下，有两人授将作丞，二人授评事，从第五名以后，都由吏部负责登记，俟后安排。真宗咸平元年（公元 998 年），孙仅作为第一名仅被授为防御推官。二年，从孙暨以下，仅得免选入官罢了。大概当时真宗守表尚未亲政，这两榜都是由礼部所放，因而大大降低了规格。到了咸平三年，陈尧咨登第，在他之后有六人授将作丞，四十二人授评事；第二甲一百三十四人，都授节度推官、军事判官；第三甲八十人，都授防团军事推官。

贞元制科

原文

唐德宗贞元十年，贤良方正科十六人，裴垍为举首，王播次之，隔一名而裴度、崔群、皇甫镈继之。六名之中，连得五相，可谓盛矣！而邪正夐不侔[①]。度、群、同为元和宰相，而镈以聚敛贿赂亦居之，度、群极陈其不可[②]，度耻其同列，表求自退[③]，两人竟为镈所毁而去。且三相同时登科，不可谓无事分，而玉石杂糅[④]，薰莸同器[⑤]，若默默充位，则是固宠患失，以私妨公，裴、崔之贤，谊难以处也。本朝韩康公、王岐公、王荆公亦同年联名，熙宁间，康公、荆公为相，岐公参政，故有“一时同榜用三人”之语，颇类此云。

|| 注释

①不侔：不相等，不等同，引申为不可比较，不能同日而语。

②极陈其不可：极力向皇上呈说他不可用。陈，陈请，陈说。

③表求自退：上表请求离职归隐。表，上书，上表。

④玉石杂糅：美玉和石头混杂在一起。

⑤薰莸（yóu）同器：香花和臭草放在同一个器皿里。薰，一种香草，又泛指花草的香气。莸，一种有臭味的草。

||| 译文

唐德宗贞元十年，考中贤良方正科的有十六人，其中裴垍为第一名，王播次之，裴度、崔群、皇甫镈分别居第四、第五、第六名。在前六名中，竟然有五人先后担任宰相，可谓是古今罕见的盛事！而五人的忠奸正邪却不可同日而语。裴度、崔群同在宪宗元和年间任宰相，而皇甫镈凭借横征暴敛和贿赂也被任命为宰相，裴、崔二人极力向皇帝劝说此人不可重用，却没有被接受。裴度耻于同皇甫镈共事，因而上表请求辞职，最后两人因为受到皇甫镈的诋毁而离开相位。裴度、崔群、皇甫镈三位宰相同时登科，不可谓没有情分，然而玉石杂糅，薰莸同器，如果默默地填充着相位，则是贪恋富贵，明哲保身，为私害公，以裴、崔之贤，是不可能这样做的。大宋朝的韩康公（即韩绛）、王岐公（即王圭）、王荆公（即王安石）三人也是同年登科的，神宗熙宁年间，韩康公、王荆公任宰相，王岐公任参知政事，因此当时有“一时同榜用三人”的说法，这种情况与唐宪宗元和年间的事非常相似。

卷十四

帝王训俭

| 原文

帝王创业垂统①，规②以节俭，贻训③子孙，必其继世④象贤，而后可以循其教，不然，正足取侮笑耳。宋孝武大治宫室⑤，坏高祖所居阴室⑥，于其处⑦起玉烛殿，与群臣观之。床头有土障，上挂葛灯笼、麻蝇拂。侍中袁顗因盛称⑧高祖俭素之德，上不答，独曰："田舍公⑨得此，已为过矣！"唐高力士于太宗陵寝宫，见梳箱一、柞木梳一、黑角篦一、草根刷子一，叹曰："先帝亲正皇极⑩，以致升平，随身服用，唯留此物。将欲传示子孙，永存节俭。"具以奏闻。明皇诣陵，至寝宫，问："所留示者⑪何在？"力士捧跪上，上跪奉，肃敬如不可胜⑫，曰："夜光之珍，垂棘之璧⑬，将何以喻此⑭？"即命史官书之典册。是时，明皇履位未久，厉精为治，故见太宗故物而惕然有感⑮。及侈心一动，穷天下之力不足以副⑯其求，尚何有于此哉？宋孝武不足责也，若齐高帝、周武帝、陈高祖、隋文帝，皆有俭德，而东昏、天元、叔宝、炀帝之淫侈，浮于桀、纣，又不可以语此云。

|| 注释

①垂统：指帝位代代相传。

②规：规劝。

③贻训：先人留下的训诫。

④继世：后辈，后人。

⑤大治宫室：大营宫室，建造宫殿。

⑥阴室：即私室。南朝皇帝死后，以其所居殿为阴室，藏生前衣着等日用物品。

⑦于其处：在这个地方（高祖刘裕的阴室）。

⑧盛称：盛赞，极力称赞。

⑨田舍公：种田的老头。

⑩亲正皇极：亲手匡正做帝王的准则。极，准则。

⑪所留示者：太宗遗留下来的东西。

⑫肃敬如不可胜：严肃恭敬到了无以复加的地步。

⑬垂棘之璧：垂棘之地的美玉。垂棘，春秋时期晋国的一个地区，以产美玉著称，后借指美玉。

⑭将何以喻此：又怎么能超过这些呢？

⑮惕然有感：受震动，有很深的感触。

⑯副：满足。

||| 译文

帝王创立基业后，为了使江山牢固，世代相传，总要规劝子孙们过节俭的生活，体恤民情。然而，只有他们的后人比较贤明时，才会遵从前辈的教诲，否则的话，正好是自取侮辱和嘲笑而已。南朝宋孝武帝刘骏大兴土木，建造宫殿，他毁坏了宋高祖刘裕曾居住过的阴室，准备在这里新建玉烛殿。当他与群臣一起去观看时，只见高祖的床头有一道土障，上面挂的是葛条编的灯笼和用麻做的驱蝇掸子。侍中袁顗于是盛赞高祖的俭朴之德，孝武帝并不答话，只是淡淡地说：“种田的老头用这些东西，已经太过分了！”唐朝宦官高力士在太宗陵的寝宫中看到梳箱一只、柞木梳子一把、黑角篦子一把、草根刷子一把，感叹地说：“太宗皇帝亲手匡正了为帝王的准则，使得天下呈现出一派歌舞升平的景象，而他自己随身所穿所用的，却只留下这些。他是想以此传示子孙，告诫他们永保节俭之德。”高力士将这件事一五一十地向玄宗皇帝做了汇报。唐明皇闻报，马上亲赴太宗陵，到寝宫问太宗所留下的东西在哪儿？高力士手捧这些东西跪着献给玄宗，玄宗跪拜接受，肃敬到了无以复加的程度，并且说："珍奇的夜光宝珠，垂棘的稀世美玉，又怎能比这些更好？"玄宗当即命令史官记载于典册。当时，唐玄宗刚继位不久，雄心勃勃，励精图治，因而见到太宗的遗物后感触良深。及致他的奢侈心一动，即使竭尽天下之财力人力也无法满足其要求，哪里还有一丁点儿对太宗遗物的印象？宋孝武不值得指责，至于像齐高帝、周武帝、陈高祖、隋文帝等，都有节俭的美德，可是他们的后代东昏侯萧宝卷、天元皇帝宇文赟、陈后主叔宝、隋炀帝杨广等人的骄奢淫逸，穷奢极欲，其程度超过了夏桀、商纣，对他们就不必谈什么节俭之德了。

陈涉不可轻

| 原文

《扬子[①]法言》："或问陈胜、吴广，曰：'乱。'曰：'不若是则秦不亡。'曰：'亡秦乎？恐秦未亡而先亡矣。'"李轨以为："轻用其身，而要乎非命之运，不足为福先，适足以为祸始。"予谓不然。秦以无道毒天下，六王皆万乘之国，相踵灭亡，岂无孝子慈孙、故家遗俗？皆奉头鼠伏。自张良狙击之外，更无一人敢西向窥其锋者。陈胜出于戍卒，一旦奋发不顾，海内豪杰之士，乃始云合响应，并起而诛之。数月之间，一战失利，不幸陨命于御者之手。身虽已死，其所置遣侯王将相竟亡秦。项氏之起江东，亦矫称陈王之令而度江。秦之社稷为墟，谁之力也？且其称王之初，万事草创，能从陈余之言，迎孔子之孙鲋为博士，至尊为太师，所与谋议，皆非庸人崛起者可及，此其志岂小小者哉！汉高帝为之置守冢于砀，血食二百年乃绝。子云指以为乱，何邪？若乃杀吴广，诛故人，寡恩忘旧，无帝王之度，此其所以败也。

|| 注释

①扬子：即扬雄，字子云，西汉蜀郡郫县（今四川成都郫都区）人。

西汉学者、辞赋家、语言学家。

译文

西汉《扬子法言》中说："有人问陈胜、吴广是什么样的人，我的回答是：'乱臣。'对方又说：'但如果他们不首先起事，那么残暴的秦朝就不会灭亡。'我说：'灭亡秦朝吗？恐怕秦朝未灭而他们自己就已经死了。'"隋朝的李轨认为："陈胜和吴广在时机尚未成熟的情况下，轻举妄动，铤而走险，不但不能为人民带来幸福，相反却造成了沉重的灾难。"我的看法与扬雄、李轨有别。无道的秦朝残害天下，涂炭生灵，原来的齐、楚、燕、韩、赵、魏等六国也都是实力雄厚的大国，却接踵为暴秦所灭，难道这六国的人都没有孝子贤孙和家族传统吗？为什么都恭恭敬敬地拜伏在秦人的脚下呢？除了韩国的张良曾在博浪沙狙击过秦始皇之外，竟没有一个人敢于挑战秦王朝。陈胜只是一个普普通通的老百姓，微不足道的小戍卒，一旦奋不顾身地揭竿而起，天下的英雄豪杰才开始云集响应，共同伐秦。数月之间，因一战失利。陈胜不幸被车夫所杀。虽然死了，但是他所任命和派出的王侯将相最终却推翻了秦朝。项梁和项羽在江东起兵后，也是假借陈王的命令渡过长江的。秦朝的残暴统治被推翻，这究竟是谁的功劳呢？难道不主要是陈胜、吴广的功劳吗？而且，陈胜称王建国之初，万事草创，忙得焦头烂额，却能听从陈余的话，迎立孔子的后人为博士，以致尊奉他为太师，他们在一起所商议的事情，绝非平庸之辈崛起后所能想到和做到的。就凭这一点，难道不足以说明陈胜的志向之远大吗？汉高祖刘邦为他在砀县设置守冢户，使他享用祭祀达二百年才告断绝。扬雄指斥陈胜为乱臣，不知是何缘故？至于杀吴广，诛杀老朋友，寡恩少义，忘记旧情，缺乏帝王的度量，这才是陈胜之所以失败的真正原因。

容斋三笔

卷　一

武成之书

Ⅰ原文

孔子言："周之德，其可谓至德也已矣。三分天下有其二，以服事[①]殷。"所谓服事者，美其能于纣之世尽臣道[②]也。而《史记·周本纪》云西伯盖受命[③]之年称王，而断虞芮之讼[④]，其后改法度，制正朔[⑤]，追尊古公、公季为王。是说之非，自唐梁肃至于欧阳、东坡公、孙明复皆尝著论，然其失自《武成》始也。孟子曰："吾于《武成》，取二三策而已矣。"今考其书，云"大王肇基王迹[⑥]，文王诞膺[⑦]天命，以抚方夏[⑧]"，及武王自称曰"周王发"，皆纣尚在位之辞。且大王居邠，犹为狄所迫逐，安有"肇基王迹"之事？文王但称西伯，焉得言"诞膺天命"乎？武王未代商，已称周王，可乎？则《武成》之书不可尽信，非止"血流标杵[⑨]"一端也。至编简舛误，特其小小者云。

Ⅱ注释

①服事：五服之内所分封的诸侯定期朝贡，各自按照服数来侍奉天子。也泛指尽臣道。

②美其能于纣之世尽臣道：赞美周能在殷纣王之世尽臣子道义。

③受命：接受上天任命。

④虞芮之讼：虞国与芮国交界，两国因田地纠纷，僵持不下，于是决定去找文王裁定。行至周国，见周国人人礼让，两国国君心生惭愧，便让出争抢之地，作为公共的疆界。

⑤制正朔：制定历法。

⑥肇基王迹：肇基，刚刚建立基业。王迹，帝王的功业。

⑦膺：服膺，禀受。

⑧方夏：华夏四方。

⑨血流标杵：形容战争惨烈，征战双方直杀得血流成河，连盾牌都漂浮起来了。

||| 译文

孔子说："周朝的道德，可谓最高的道德境界了。三分天下而周已经占有两份，还是来服事殷朝。"此处所说的"服事"，是赞美周能在殷纣王之世尽臣子道义。而《史记·周本纪》说西伯在禀受天命之年称王，裁断虞国与芮国的争讼，随后改革法度，制定历法，追尊古公、公季为先王。此种说法的错误，自唐代梁肃至宋代欧阳修、苏东坡、孙明复都曾写文章指出过。然而它的失实却是从《武成》这部书开始。孟子说："我对《武成》这部书，只是取它的十分之二三罢了。"如今考察此书，说"大王开始奠定王业的根基，文王诞生禀受天命，安抚华夏四方"，及武王自称为"周武王姬发"等，均为殷纣王在位时的言辞。而且周太王居住在邠地时，还经常被戎狄胁迫追逐，哪有"奠定王业根基"之事呢？周文王当时只称西伯，怎么能说是"诞生禀受天命"呢？周武王尚未取代商朝，就已自称周王，这可以吗？则《武成》这部书不可尽信，不只是如"血流标杵"这种失误的记载。至于该书编纂的错误，只算是小问题。

管晏之言

| 原文

《孟子》所书："齐景公问于晏子[①]曰：'吾欲观于转附、朝儛，遵海而南，放于琅邪，吾何修而可以比于先王观也？’晏子对曰：‘天子诸侯，无非事[2]者。春省耕而补不足，秋省敛而助不给[3]。今也不然。师行而粮食[4]。从流下而忘反谓之流。从流上而忘反谓之连。从兽无厌谓之荒。乐酒无厌谓之亡。先王无流连之乐，荒亡之行。’景公说[5]，大戒于国。”《管子·内言·戒》篇曰：“桓公将东游，问于管仲曰：‘我游犹轴转斛，南至琅邪。司马曰，亦先王之游已。何谓也？’对曰：‘先王之游也，春出原农事之不本者，谓之游。秋出补人之不足者，谓之夕。夫师行而粮食其民者，谓之亡。从乐而不反者，谓之荒。先王有游夕之业于民，无荒亡之行于身。’桓公退再拜，命曰宝法。”观管、晏二子之语，一何相似，岂非传记所载容有相犯[6]乎？管氏既自为一书，必不误，当更考之《晏子春秋》也。

注释

①齐景公、晏子：齐景公，名杵臼，齐灵公之子，在位时有名相晏婴辅政，是齐国执政时间最长的一位国君。能纳谏，在位期间，国内治安相对稳定，然因无嫡子，诸子展开了激烈的王位之争。晏子，即晏婴，齐国名相。

②事：动词，处理事务。

③秋省敛而助不给：省，检查，考察。敛，收成，收获。不给，不足，不够。

④师行而粮食：国王一出巡，劳师动众，四处征集粮食。

⑤说：通“悦”，高兴。

⑥犯：冲突。

译文

《孟子·梁惠王章句下》记载：“齐景公问晏子说：‘我准备去转附（今山东芝罘山）、朝儛（今山东召石山）两座山上巡游，然后沿着海岸南行，一直到琅邪山（在今山东诸城），我该怎么做才能和过去的圣贤君王外出巡游相比呢？’晏子回答：‘天子和诸侯出巡，没有不和政事相联系的。

春天巡察耕作情况，对贫困的农户给予补助；秋天考察收获情况，对缺粮的农户给予资助。如今可不是这样了。君王一出巡，兴师动众，四处征集粮食。从上游顺流而下玩乐而忘记归返叫作流。从下游向上游游乐而忘记归返叫作连。整日沉溺于外出打猎取乐的叫作荒。毫无节制地饮酒叫作亡。过去的圣贤君王没有流连的游乐、荒亡的行为。’齐景公听了非常高兴，在全国内大规模做好接济穷人的准备。”《管子·内言·戒》篇说：“齐桓公将往东巡游，问管仲说：‘我拟游览的路线是从轴山到斛山，再向南到琅邪山。司马说，这是先王的巡游呀。为什么这样说呢？’管仲回答说：‘先王巡游，春天出去考察农事不保本的，叫作游。秋天出去巡视补助缺少粮食的农户的，叫作夕。出巡兴师动众，收集粮食的，叫作亡。出去游乐而不返的，叫作荒。过去的圣贤君王有游夕的职责，没有荒亡的行为。’齐桓公退堂后再次礼拜管仲，命令称管仲的意见为宝法。”观看管仲、晏子二人的话，何其相似！难道不是传记所记载的内容相互冲突吗？管仲既然自为一书，一定不会误载，应当重新考证《晏子春秋》这部书了。

卷 二

汉宣帝不用儒

| 原文

汉宣帝不好儒，至云俗儒不达时宜①，好是古非今，使人眩于名实②，不知所守，何足委任。匡衡为平原文学，学者多上书荐衡经明③，当世少双，不宜在远方④。事下萧望之、梁丘贺。望之奏衡经学精习⑤，说有师道，可观览⑥。宣帝不甚用儒，遣衡归故官。司马温公谓俗儒诚不可与为治，独不可求真儒而用之乎？且是古非今之说，秦始皇、李斯所禁也，何为而效之邪？既不用儒生而专委中书宦官，弘恭、石显因以擅政事，卒为后世之祸，人主心术，可不戒哉！

|| 注释

①不达时宜：不通达人情事理。

②使人眩于名实：致使人们在虚名和务实的问题上有些迷惑。

③经明：通经明世。

④远方：远离首都的偏远之地。

⑤精习：精通、熟习。

⑥可观览：值得参阅。

||| 译文

汉宣帝不喜欢儒学，甚至说俗儒不通达人情事理，喜欢颂扬古代否定现代，致使人们在虚名和务实的问题上有些迷惑，不知道究竟要坚守什么，什么值得他们委以重任。匡衡当时任平原郡（今属山东）教官，学者们多上书推荐他通经明世，当世无双，不应该留在远离首都的平原小郡。宣帝让萧望之、梁丘贺酌情处理。萧望之上奏说匡衡对经学十分通晓，他的学说有师道来历，值得参阅。因为汉宣帝不怎么喜欢任用儒生，最终还是将匡衡遣回平原郡担任教官去了。司马温公（即司马光）曾说俗儒确实不能和他讨论治理国家，难道不可以求取真正的儒者来任用他们吗？而且肯定古时否定现在的说法，是秦始皇、李斯所严厉禁止的，为什么要效法秦始皇呢？既不用儒生而专门委任宦官为中书令，弘恭、石显因此得以专擅国政，最终为汉朝后世留下祸患。作为人主，在考虑治国之道时，不应该引以为戒吗？

刘项成败

| 原文

汉高帝、项羽起兵之始，相与北面共事[①]怀王。及入关破秦，子婴出降，诸将或言诛秦王。高帝曰："始怀王遣我，固以能宽容，且人已服降[②]，杀之不祥。"乃以属吏[③]。至羽则不然，既杀子婴，屠咸阳，使人致命于怀王。王使如初约，先入关者王其地[④]。羽乃曰："怀王者，吾家武信君[⑤]所立耳，非有功伐，何以得颛主约[⑥]？今定天下，皆将相诸君与籍力也，怀王亡功，固当分其地而王之。"于是阳[⑦]尊王为义帝，卒至[⑧]杀之。观此二事，高帝既成功，犹敬佩王之戒[⑨]，羽背主约，其末至于如此，成败之端，不待智者而后知也。高帝微时，尝繇[⑩]咸阳，纵观秦皇帝，喟然太息曰："大丈夫当如此矣！"至羽观始皇，则曰："彼可取而代也。"虽史家所载，容有文饰[⑪]，然其大旨，固可见云。

|| 注释

①北面共事：作为臣子，一起侍奉。

②服降：归服投降。

③乃以属吏：于是将子婴当作属吏。

④王其地：统治这块地。王，统治。

⑤武信君：项羽叔父项梁。

⑥颛主约：专断把持盟约。颛，通“专”。

⑦阳：表面上。

⑧卒至：最终。

⑨戒：告诫。

⑩繇：同“徭”，徭役。

⑪容有文饰：或许有文字上的修饰夸张。

||| 译文

汉高祖刘邦、西楚霸王项羽当初起兵的时候，曾相约面向北共同侍奉楚怀王熊心。等到刘邦进入关中（今陕西西安一带）击破了秦军，秦王子婴出来投降，将领中有人建议杀掉秦王。刘邦说：“开始怀王就教导我，做人从来要宽厚容人，并且人家已经归服投降，杀了则不吉利。”于是就把子婴当作属吏。等到项羽入关后则不是这样，他先杀了子婴以后，又屠戮咸阳城，最后才向怀王禀报受命。怀王让他遵守当初的盟约，先进入关中者统治这块京畿之地。项羽却说：“楚怀王，是我的叔父武信君项梁所拥立的，没有任何攻伐之功，凭什么得以擅权专断主持盟约呢？今天天下被平定，靠的都是各位将领和我项羽的力量，怀王没有功劳，本来就应该把他的地盘瓜分开来统治。”于是表面上尊怀王为义帝，最终还是杀害了他。观察分析刘邦、项羽这两件事，汉高祖已经破秦成功了，还恭敬地信守怀王的告诫，而项羽却违背盟约，后来竟发展到这种地步，成功失败的苗头，聪明的人是不用等待最后才看清楚的。汉高祖微贱的时候，曾经到咸阳服徭役，从远处望到秦始皇，感慨地叹息说：“大丈夫就应当这样啊！”等到项羽看见秦始皇，却说：“这个人我可以取代他。”这虽然是史家的记载，或许有文字修饰夸张，然而它的主要意思，却于此可见的。

无名杀臣下

| 原文

《传》曰："欲加之罪，其无辞[①]乎？"古者置人于死地，必求其所以死[②]。然固有无罪杀之，而必为之名[③]者。张汤为汉武造白鹿皮币，大农颜异以为本末不相称，天子不悦。汤又与异有隙[④]。异与客语初令下有不便者，异不应[⑤]，微反唇。汤奏当异九卿，见令不便[⑥]，不入言而腹非[⑦]，论死。自是后有腹非之法。曹操始用崔琰，后为人所谮，罚为徒隶，使人视之，词色不挠。操令曰："琰虽见刑[⑧]，而对宾客，虬须直视，若有所瞋。"遂赐琰死。隋炀帝杀高颎之后，议新令，久不决。薛道衡谓朝士曰："向使高颎不死，令决当久行[⑨]。"有人奏之，帝怒，付执法者推之[⑩]。裴蕴奏："道衡有无君之心，推恶于国[⑪]，妄造祸端。论其罪名，似如隐昧，原[⑫]其情意，深为悖逆。"帝曰："公论其逆，妙体本心。"遂令自尽。冤哉，此三臣之死也！

|| 注释

①辞：托辞，借口。

②所以死：这样死的理由。

③名：罗织罪名。

④有隙：有矛盾。

⑤不应：不逢迎应和。

⑥不便：不太合适。

⑦不入言而腹非：不表态却在心里非议。非，通"诽"。

⑧见刑：服刑。

⑨令决当久行：法令早就决断执行了。

⑩推之：推想、罗织罪名。

⑪推恶于国：诬蔑国家。

⑫原：探究。

译文

《左传》说："想要加害一个人，难道还怕找不到借口吗？"古人要把人置于死地，必定要寻求一个让他这样死的理由。然而也时有本来无罪而遭杀害又必定为被杀者罗织罪名的现象。张汤为汉武帝制造白鹿皮币，大司农颜异以为这种钱和实际价值不相称，汉武帝就不高兴了。又加上张汤与颜异有矛盾。颜异曾与客人谈道，刚拟颁布的食货令有不大合适的地方，颜异没有逢场迎合，与张汤稍有顶嘴。张汤便上奏朝廷说：见诏令不大合适，不表态却在内心非议，罪当处死。从此以后便有了"腹非"的法律条文。曹操开始重用崔琰，后来崔琰被人谗毁，受处罚做了徒隶，曹操派人去监视他，崔琰没有说谦恭的话。曹操便下令说："崔琰虽然服刑，但面对宾客，满脸卷曲的络腮胡子，正眼直视，好像愤怒的样子。"于是就赐崔琰自杀。隋炀帝杀害了高颎之后，议论新的法令，长期不能决断。薛道衡对大臣说："假如高颎不死的话，法令早就决断执行了。"有人把这话上奏给了隋炀帝，炀帝大怒，将薛道衡交付给执法官推想罪名。裴蕴上奏说："薛道衡有无君之心，诬蔑国家，妄想制造祸乱挑起事端。定他的罪名，好像隐蔽不明确，但推究他的本意，实在是属于大逆不道。"炀帝说："公定他叛逆之罪，绝妙地体现了我的本意。"立刻赐薛道衡自尽。这三人死得实在是冤枉啊！

卷　三

东坡和陶诗

| 原文

《陶渊明集·归园田居》六诗，其末“种苗在东皋”一篇，乃江文通[①]杂体三十篇之一，明言[②]敩陶征君《田居》，盖陶之三章云：“种豆南山下，草盛豆苗稀。晨兴理荒秽，带月荷[③]锄归。”故文通云：“虽有荷锄倦，浊酒聊自适。”正拟其意也。今《陶集》误编入，东坡据而和[④]之。又，《东方有一士》诗十六句，复重载于《拟古》九篇中，坡公遂亦两和之，皆随意即成，不复细考耳。陶之首章云：“荣荣窗下兰，密密堂前柳。初与君别时，不谓行当久。出门万里客，中道逢嘉友。未言心先醉，不在接杯酒。兰枯柳亦衰，遂令此言负。”坡和云：“有客扣我门，系马庭前柳。庭空鸟雀噪，门闭客立久。主人枕书卧，梦我平生友。忽闻剥啄声，惊散一杯酒。倒裳起谢[⑤]客，梦觉两愧负。”二者金石合奏，如出一手，何止子由所谓遂与“比辙”者哉！

|| 注释

①江文通：即江淹，字文通，南朝文学家。其诗文典丽工整，最有名的作品当属《别赋》。两个著名的成语“妙笔生花”和“江郎才尽”，都出于江淹之笔。

②明言：明确说明。

③荷：负荷，肩负。

④和：和诗。

⑤谢：道歉。

译文

《陶渊明集》中《归园田居》共六首诗，其中最后“种苗在东皋”一篇，是江淹的杂体诗三十篇中的一篇，江淹明确地说这首诗是学陶征君《归园田居》的，陶渊明这组诗第三章说：“种豆南山下，草盛豆苗稀。晨兴理荒秽，带月荷锄归。”所以江文通诗说：“虽有荷锄倦，浊酒聊自适。”正是模拟陶诗诗意。现在的《陶渊明集》把这首诗误编进去了，而苏东坡以陶集为依据和了这首诗。又如《东方有一士》诗十六句，又重复载在《拟古》诗九篇当中，苏东坡也就在两个地方写了和诗，全是随意写成，没有细心考订。陶渊明《归园田居》首章写道：“荣荣窗下兰，密密堂前柳。初与君别时，不谓行当久。出门万里客，中道逢嘉友。未言心先醉，不在接杯酒。兰枯柳亦衰，遂令此言负。”东坡和道：“有客扣我门，系马庭前柳。庭空鸟雀噪，门闭客立久。主人枕书卧，梦我平生友。忽闻剥啄声，惊散一杯酒。倒裳起谢客，梦觉两愧负。”这两道诗可算得上是金石合奏，好像出自一个人的手笔，哪像东坡之弟苏子由所说的仅仅止于合辙同韵而已呢！

陈季常

原文

陈慥字季常，公弼之子，居于黄州之岐亭，自称“龙丘先生”，又曰“方山子”。好宾客，喜畜声妓[①]，然其妻柳氏绝[②]凶妒，故东坡有诗云：“龙丘居士亦可怜，谈空说有夜不眠。忽闻河东师子吼，拄杖落手心茫然。”河东师子，指柳氏也。坡又尝醉中与季常书云：“一绝[③]乞秀英君。”想是其妾小字。黄鲁直元祐中有与季常简[④]曰：“审柳夫人时须医药，今已安平否？公暮年来想渐求清净之乐，姬媵[⑤]无新进矣，柳夫人比何所念以致疾邪？”又一帖云：“承谕[⑥]老境情味，法当如此，所苦[⑦]既不妨游观山川，自可损[⑧]药石，调护起居饮食而已。河东夫人亦能哀怜老大[9]，一任放不解事[10]邪？”则柳氏之妒名，固彰著于外，是以二公皆言之云。

‖注释

①喜畜声妓：喜欢蓄养歌舞乐妓。

②绝：非常。

③一绝：一首绝句。

④简：书简，书信。

⑤姬媵：姬妾。

⑥承谕：承蒙您告诉我。

⑦所苦：苦闷的时候。

⑧损：减少。

⑨哀怜老大：体谅您年纪太大。

⑩一任放不解事：任凭您放荡不羁，不解世事。

‖译文

陈慥，字季常，是陈公弼的儿子，隐居在黄州（今湖北黄冈）的岐亭山，自称是“龙丘先生”，又起名叫“方山子”。喜欢结交宾客，爱好蓄养乐妓，然而他的妻子柳氏非常凶妒，所以苏东坡有诗说：“龙丘居士亦可怜，谈空说有夜不眠。忽闻河东狮子吼，拄杖落手心茫然。”河东狮子，指的就是柳氏。苏东坡又曾在醉中给陈季常写信说：“寄一首绝句求得到秀英君。”想来秀英君可能是陈季常妾的小字。黄庭坚在北宋哲宗元祐年间有写给陈季常的书简，说：“详知柳夫人不断用药，现在已安康了吗？您晚年想逐渐寻求清静的生活乐趣，美妾没有新的增加，那么柳夫人还有什么烦恼以至于生病呢？”又有一帖写道：“承蒙您告诉我老境的情趣，做法应当像您说的那样，苦闷时不妨游览一下山川风光，自然可以起到减少药石、调护起居饮食的作用。河东夫人也还能够哀怜您年龄太大，任随您放荡不通世故吗？”可见柳氏的妒名，早就彰著于外了，所以苏轼、黄庭坚二公都谈到了这事。

卷 四

三竖子

原文

赵为秦所围，使平原君求救于楚，楚王未肯定从①。

毛遂曰："白起，小竖子②耳！兴师以与楚战，举鄢、郢，烧夷陵，辱王之先人，此百世之怨③也。"是时，起已数立大功，且胜于长平矣。人告韩信反，汉祖以问诸将，皆曰："亟发兵坑竖子④耳！"帝默然。唯陈平以为兵不如楚精，诸将用兵不能及信。英布反，书闻⑤，上召诸将问计，又曰："发兵击之，坑竖子耳！"夫白起、信、布之为人，才能不可掩，以此三人为竖子，是天下无复有壮士也。毛遂之言，只欲激怒楚王，使之知合从之利害，故不得不以起为懦夫。至如高帝诸将，不过周勃、樊哙之俦。韩信因执而归，栖栖然处长安为列侯，盖一匹夫也。而哙喜其过己，趋拜送迎，言称臣，况于据有全楚万乘之地，事力强弱，安可同日而语？英布固尝言："诸将独患淮阴、彭越，今皆已死，余不足畏。"则竖子之对，可谓勇而无谋，殆与张仪诋苏秦为反覆之人相似。高帝默然，顾深知其非⑥也。至于陈平，则不然矣。若乃韩信谓魏将柏直为竖子，则诚然。柏直庸庸无所知名，汉王亦称其口尚乳臭，直一竖子也。阮籍登广武，叹曰："时无英雄，使竖子成名。"盖叹是时⑦无英雄如昔人者。俗士不达，以为籍讥汉祖，虽李太白亦有是言，失之矣。

注释

①未肯定从：没有确定是不是要出兵。

②竖子：小子，家伙，表示对人非常不屑。

③此百世之怨：这是百世都难化解的仇怨。

④亟发兵坑竖子：赶紧发兵攻打他，活埋这个家伙。

⑤书闻：文书交与高祖知道。

⑥顾深知其非：因为深知这种说法并不确切。

⑦是时：当时。

||| 译文

战国时赵国被秦国包围，赵国国王派平原君赵胜向楚国求救，楚王确定不下来出兵与否。

平原君的食客毛遂说："秦将白起，臭小子而已！曾发兵与楚作战，攻取了楚国的鄢（今河南鄢陵）、首都郢（今湖北江陵）两城，在夷陵（今湖北宜昌市东），焚烧了楚国先王墓，侮辱您的先王，这是百世难解的宿怨。"这时候，白起已多次立下战功，而且在与赵国的长平（今山西高平西北）之战中已大获全胜。有人告发韩信谋反，汉高祖刘邦就此事向各位将领询问解决办法，都说："急速发兵活埋这个臭小子！"高祖默默无语。只有陈平认为汉朝军队没有楚军精干，各位将领用兵的本领赶不上韩信。英布谋反，文书传递给汉高祖，高祖召见各位将领询问计策，将领们又回答："发兵攻打他，活埋这个臭小子！"白起、韩信、英布三位将领，才能决不可掩盖，把这三个人当作臭小子，这天下就再也没有壮士了。毛遂的话，只是想激怒楚王，让他明白合纵抗秦的好处，所以不得不把白起当作懦夫。至于像汉高祖的各位将领，都不过是周勃、樊哙一类的水平。当初韩信因萧何追赶而回归刘邦手下，在不安中处长安为列侯，那时他仅仅是一介匹夫，而樊哙惊喜他的才能超过自己，趋奉拜谒高送远迎，说话必称臣，更何况现在占据全楚万辆战车的地盘，其实力的强弱，今昔怎么能同日而语？英布本来就曾说过："在各位将领中，我只害怕淮阴侯韩信、梁王彭越，现在他二人全已经被杀死了，剩下的没有值得害怕的了。"用"臭小子"这个称呼回答问题，可算得上是有勇无谋，几乎和张仪诋毁苏秦为反复无常的小人差不多。汉高祖默然无语，是深知他们说的不对。至于陈平，则不像其他将领那样。如果是韩信称魏将柏直为臭小子，则确实是这样。柏直庸庸碌碌没有什么知名之处，汉王也称他为口中尚含乳臭，真正的一个臭小子。三国时魏国阮籍登广武（在今河南荥阳）山，感叹说："时代没有英雄，使臭小子成就功名！"这是感叹他那个时代没有产生像古代那样的英雄。世俗之士不通晓事理，以为这是阮籍讥讽汉高祖。即使李太白也有这样的说法，这话说错了。

卷　五

孔子正名

| 原文

子路曰："卫君待子而为政[①]，子将奚先[②]？"子曰："必也正名[③]乎！"子路曰："子之迂[④]也！奚其正？"夫子责数之以为"野"。盖是时夫子在卫，当辄为君之际，留连最久，以其拒父而窃位，故欲正之，此意明白。然子欲适[⑤]晋，闻其杀鸣犊[⑥]，临河而还，谓其无罪而杀士也。里名胜母，曾子不入，邑称朝歌，墨子回车，邑里之名不善，两贤去之，安有命世圣人，而肯居无父之国，事不孝之君哉？是可知已！夫子所过者化，不令而行，不言而信，卫辄待以为政，当非下愚而不移者。苟其用我，必将异之以天理，而趣反其真，所谓命驾虚左[⑦]而迎其父不难也。则其有补于名义，岂不大哉！为是故不忍亟去以须之。既不吾用，于是慨然反鲁。则辄之冥顽悖乱，无所逃于天地之间矣！子路曾不能详味[⑧]圣言，执迷不悟，竟于身死其难。惜哉！

|| 注释

①待子而为政：等待您并且让您去处理国家政事。

②子将奚先：您打算首先做什么事情。

③正名：纠正名分上不当的现象。

④迂：迂腐。

⑤适：到。

⑥闻其杀鸣犊：听说晋国的赵简子杀死了窦鸣犊。窦鸣犊，即窦犨，

号鸣犊，晋国大夫，提倡德治、教化，反对苛政、杀戮，提出“不患寡而患不均，不患贫而患不安”的施政主张。因政见不合，而被正卿赵简子杀害。

⑦虚左：空着左边的位置。古代以左为尊，虚左表示对宾客的尊敬。

⑧详味：仔细体味。

||| 译文

子路对孔子说：“假如卫出公辄等待您去治理国政，您准备首先干什么事情？”孔子道：“那一定是纠正名分上不当的现象！”子路道：“您竟迂阔到如此地步了！这有什么纠正的必要呢？”孔夫子责备数落子路，认为他太鲁莽。那时孔夫子在卫国，当辄为卫国国君之时，留恋在卫国最久，因为辄抗拒其父蒯聩而窃取王位，所以孔夫子想纠正这种名分不当的现象，这里的意思是很明白的。但是孔子想到晋国去，听说晋国的赵简子杀死了窦鸣犊，到了黄河边就返回来了，声称晋国杀死了无罪的贤大夫。里名有叫胜母的，因其名不顺，曾参拒不进入该里，邑名有叫朝歌（今河南淇县）的，因为不合时宜，墨翟坐着车又回来了，因为邑里的名字不美，两位贤人都不去那里，为何会有闻名于世的圣人，竟肯居住在没有父亲的国家里，服侍不孝的国君呢？这是可以知道的了！孔夫子所经过的地方，那里的百姓都得到了感化，没有命令就可以执行，不用言语就可以得到信任，卫出公辄等待孔子执政，应该不是上智下愚不可改变的。假如卫出公辄用我的话，我必将用天理启发他们，用行动返其本真，命人驾车空着左边的位置前往迎接他父亲蒯聩并不是难事。如果这样做就可以挽回自己的名誉，岂不受到尊重吗？为此所以不忍心急切离去等待着。既然不用我，于是再慨然离开卫国返回鲁国。而卫出公辄愚昧无知狂悖忤逆，他是不能逃脱天地之间的惩罚！子路曾经不能详细玩味孔夫子的圣言，执迷不悟，竟然在卫国以身殉难。可惜呀！

枢密名称更易

| 原文

国朝枢密之名，其长为使，则其贰①为副使；其长为知院，则其贰为同知院。如柴禹锡知院，向敏中同知，及曹彬为使，则敏中改副使。王继英知院，王旦同知，继冯拯、陈尧叟亦同知，及继英为使，拯、尧叟乃改签书院事，而恩例②同副使。王钦若、陈尧叟知院，马知节签书，及王、陈为使，知节迁副使，其后知节知院，则任中正、周起同知。惟熙宁初，文彦博、吕公弼已为使，而陈升之过阙，留，王安石以升之曾再入枢府，遂除③知院。知院与使并置，非故事④也，安石之意以沮⑤彦博耳。绍兴以来，唯韩世忠、张俊为使，岳飞为副使。此后除使固多，而其贰只为同知，亦非故事也。又使班视宰相，而乾道职制杂压，令副使反在同知院之下，尤为未然⑥。

|| 注释

①贰：副手，副职。

②恩例：指帝王为宣示恩德而颁布的条例、规定。

③除：任命。

④故事：既定的条例。

⑤沮：阻止。

⑥尤为未然：更加从来没有过先例。

||| 译文

宋朝枢密的名字，它的长官称枢密使，副职称为枢密副使；它的长官为知院，副长官称同知院。如柴禹锡做过枢密院知院的官，向敏中做过同知的官，到曹彬为枢密使时，向敏中就改为枢密副使。王继英为知院时，王旦为同知，继而冯拯、陈尧叟也为同知。到王继英为枢密使时，冯拯、陈尧叟就改签书院事，而它的待遇和枢密副使相同。王钦若、陈尧叟任知院，马知节做签书。到了王钦若、陈尧叟为枢密使时，马知节改为副使，其后马知节做了知院的官，任中正、周起就任命为同知。仅宋神宗熙宁初年，文彦博、吕公弼已经为枢密使，而陈升之因为超过缺数，加以滞留，王安石因为陈升之的滞留曾经再次进入枢密府，于是任命为知院。知院和枢密使同时设置，并不是成例，王安石的意思是要阻止文彦博进入枢密院。宋高宗绍兴以来，只有韩世忠、张俊为枢密使，岳飞为枢密副使。从此以后任命为枢密使的固然很多，而其副职只有同知，也不是成例。又枢密使的位置被视为宰相，而孝宗乾道时期官职制度杂乱，使枢密副使反而位在同知院之下，更是没有听说过。

卷 六

贤士隐居者

原文

士子修己笃学[①]，独善其身，不求知于人，人亦莫能知者[②]，所至或有之[③]，予每惜其无传[④]。比得上虞李孟传录示四事，故谨书之。

其一曰，慈溪蒋季庄，当宣和间，鄙王氏之学[⑤]，不事科举，闭门穷经[⑥]，不妄与人接[⑦]。高抑崇居明州城中，率一岁四五访其庐[⑧]。季庄闻其至，必倒屣出迎[⑨]，相对小室，极意[⑩]讲论，自昼竟夜[⑪]，殆忘寝食。告去则送之数里，相得欢甚。或问抑崇曰："蒋君不多与人周旋，而独厚于公，公亦惓惓于彼，愿闻其故？"抑崇曰："阅终岁读书，凡有疑而未判，与所缺而未知者，每积至数十，辄一扣[⑫]之，无不迎刃而解。"而蒋之所长，他人未必能知之。世之所谓知己其是乎？

其二曰，王茂刚，居明之林村，在岩壑深处，有弟不甚学问，使颛治生以糊口，而刻意[⑬]读书，足迹未尝妄出，尤邃于《周易》。沈焕通判州事，尝访之，其见趣绝出于传注之外[⑭]云。气象严重，窥其所得，盖进而未已也。

其三曰，顾主簿，不知何许人，南渡后寓于慈溪[⑮]。廉介有常，安于贫贱，不蕲人之知[⑯]。至于践履[⑰]间，虽细事不苟也。平旦起[⑱]，俟卖菜者过门，问菜把直几何[⑲]，随所言酬之[⑳]。它饮食布帛亦然。久之人皆信服，不忍欺。苟一日之用足，则玩心坟典[㉑]，不事交游。里中有不安其分、武断强忮[㉒]者，相与讥之，曰："汝岂顾主簿耶？"

其四曰，周日章，信州永丰人。操行介洁，为邑人所敬。开门授徒，仅有以自给，非其义一毫不取。家至[23]贫，常终日绝食[24]，邻里或以薄少致馈，时时不继，宁与妻子忍饿，卒不以求人。隆寒披纸裘[25]，客有就访，亦欣然延纳。望其容貌，听其论议，莫不耸然[26]。县尉谢生遗以袭衣，曰："先生未尝有求，吾自欲致其勤勤耳，受之无伤也。"日章笑答曰："一衣与万钟等耳，傥[27]无名受之，是不辨礼义也。"卒辞之。汪圣锡亦知其贤，以为近于古之所谓独行者[28]。

是四君子，真可书史策云。

注释

①笃学：专心治学。

②人亦莫能知者：别人也不能了解他。莫，不。

③所至或有之：能达到这样（上文所述）的也有。

④无传：没有见于记载。

⑤鄙王氏之学：鄙薄王安石的学问。王氏，王安石。

⑥闭门穷经：闭门不出，在家考究经书。

⑦不妄与人接：不轻易与人接触。

⑧访其庐：到他家去拜访。

⑨必倒屣出迎：因为急着出去迎接他，将鞋子都穿倒了。

⑩极意：尽情，肆意。

⑪自昼竟夜：从白天到晚上。

⑫扣：拜访。

⑬刻意：一心一意，用尽心思。

⑭其见趣绝出于传注之外：他的见识旨趣绝对超出有传注的那些人。

⑮南渡后寓于慈溪：宋高宗南渡后他也到慈溪寓居。

⑯不蕲人之知：不希求别人知道他。

⑰践履：穿鞋。

⑱平旦起：天明起床。平旦，清晨，天明。

⑲直几何：值多少钱。

⑳随所言酬之：按照别人（卖菜者）所说的价格给人家报酬。

㉑玩心坟典：专心研究典籍著作。

㉒强忮：刚愎自用。

㉓至：非常，极端。

㉔绝食：没有吃的。

㉕纸裘：像纸一样薄的棉裘。

㉖耸然：端正尊敬的样子。

㉗傥：倘若。

㉘独行者：唯一能够保持操守者。

||| 译文

学子提高自己的品德专心治学，维护自己的名声，不向人求助、学习，别人也不能了解他，能做到这些的人是有的，我时常痛惜他们没有记载。近见上虞（今属浙江）李孟传录载有四件事，因此谨慎书写他们的事迹。

其一说，慈溪（今浙江宁波）人蒋季庄，当宋徽宗宣和年间，鄙视王安石的学问，不参加科举考试，闭门考究经书，不轻易和人接触。高抑崇居住在明州（今浙江宁波）城中，通常一年四五次到他家去拜访。蒋季庄听说高抑崇到了，由于急于迎客把鞋子都穿倒了，二人相对坐在小屋，尽情讲论，自白天一直到夜里，废寝忘食。高抑崇告辞时，蒋必送出数里之外，二人相得甚欢。有人问高抑崇："蒋季庄不怎么与别人交际，而单独看重你，你也诚恳对待他，愿听其中的缘由。"高抑崇说："我终年读书，或有疑问而不能决定的，与自己所缺少而不知道的，每次都积累数十条，即一次拜访他，没有不迎刃而解的。"而蒋季庄的长处，其他的人未必能知道。世上所称道的知己不就是这样的吗？

其二说，王茂刚，居住在明州的林村，在山涧深处，他有个弟弟不善学问，使他经商用以糊口，而自己则用尽心思读书，轻易不出门，更精深于《周易》一书。沈焕为明州通判时，曾拜访过他，说他的见识旨趣绝对超出有传注的那些人。气质谨严持重，看他所得到的知识，大概是进而未止了。

其三说，顾主簿，不知道是哪里人士，宋高宗南渡之后他也南渡寓居于慈溪。他保持廉洁的操行，安于贫贱，不希求别人知道他。甚至他穿鞋子时，虽是小事也一丝不苟。天明即起，等卖菜的过门时，问了菜价多少钱，随他所说而付给菜钱。他的饮食穿的布帛也是这样。时间一长人们都信服他了，不忍心欺骗他。假如东西够一天之用了，他就专心研究典籍，不好交游。里中有不安分守己、武断刚愎的人，相互讥笑他，说："你难道是顾主簿吗？"

其四说，周日章，是信州永丰县人。他操行廉洁，为县里的人所尊敬。他开门教授生徒，自己仅仅够自给的，不义之财一毫不取。家中很贫穷，经常终日断吃的，邻里就用微薄的东西相馈送。家中时时上顿不接下顿，宁愿和妻子忍饥挨饿，也终不求人。隆冬寒天披着纸一样的薄裘，有客人来访，也高兴地延请接纳。观察他的容貌，聆听他的论议，无不使人尊敬。县尉谢生给他一套衣服，说："先生未曾有求于我，是我自己献的殷勤，接受它没有什么伤害。"周日章笑着回答："一套衣服和万钟（量器）粮食一样，如若没有正当的名义就接受它，是我不能分辨礼义的大事。"最终还是推辞掉了。汪圣锡也知道他贤能，认为是近于古代的能独持操守的人。

这四位君子，真可以写进史书里。

杜诗命意

原文

杜公诗命意用事[①]，旨趣[②]深远，若随口一读，往往不能晓解，姑纪一二篇以示好事者。如："能画毛延寿[③]，投壶郭舍人[④]。每蒙天一笑，复似物皆春。政化平如水，皇恩断若神。时时用抵戏，亦未杂风尘。”第三联意味颇与前语不相联贯，读者或以为疑。按，杜之旨本谓技艺倡优，不应蒙人主顾眄赏接，然使政化如水，皇恩若神，为治大要既无所损，则时时用此辈，亦亡害[⑤]也。又如：“乱后碧井废，时清瑶殿深。铜瓶未失水，百丈有哀音。侧想美人意，应悲寒甃沉。蛟龙半缺落，犹得折黄金。”此篇盖见故宫井内汲者得铜瓶而作，然首句便说废井，则下文翻覆铺叙为难，而曲折宛转如是，它人毕一生模写[⑥]不能到也。又一篇云：“斗鸡初赐锦，舞马既登床，帘下宫人出，楼前御柳长。仙游终一閟，女乐久无香。寂寞骊山道，清秋草木黄。”先忠宣公在北方，得唐人画《骊山宫殿图》一轴，华清宫居山颠，殿外垂帘，宫人无数，穴帘隙而窥，一时伶官戏剧，品类杂沓[⑦]，皆列于下[⑧]。杜一诗真所谓亲见之也。

|| 注释

①命意用事：构思和所用的典故。

②旨趣：宗旨趣味。

③毛延寿：西汉元帝时宫廷画师。元帝选妃时，根据毛延寿的画像来定夺，因此许多宫娥向他行贿，唯独王昭君没有。毛延寿便将王昭君画得极丑，使王独居宫中，一直未被宠幸。后匈奴议和，元帝依照画像，将王昭君嫁给匈奴王。待看清王昭君的面容时，元帝后悔不迭，于是在王昭君出塞之后，下诏杀死了毛延寿。

④郭舍人：汉武帝身边的戏子，深受武帝宠幸。

⑤亦亡害也：也没什么害处。

⑥模写：即“摹写”，模仿。

⑦杂沓：众多杂乱。

⑧下：大殿之下。

||| 译文

杜甫的诗构思和所用典故，宗旨深远，如随口一读，往往不能通解，姑且记一二篇以告示于好事之人。如：“能画毛延寿，投壶郭舍人。每蒙天（子）一笑，复似物皆春。政化平如水，皇恩断若神。时时用抵戏，亦未杂风尘。”该诗第三联的意味略微与前面不相联贯，读的人或许会产生疑惑。按杜甫的宗旨，本来是说乐舞戏谑的艺人，不应当承蒙皇上回视赏接，但使政教风化平静如水，皇恩如神，是治国要旨既不可缺少，则时时任用此辈之人，也没有什么害处。又如：“乱后碧井废，时清瑶殿深。铜瓶未失水，百丈有哀音。侧想美人意，应悲寒甃沉。蛟龙半缺落，犹得折黄金。”这篇大概是杜甫见到旧宫殿内汲水的人得到铜瓶而作的诗，但头一句便说废井，就下文反复铺叙实在很难，而曲折婉转如此，是别人用毕生精力模仿也不能做到的。又有一篇说：“斗鸡初赐锦，舞马既登床。帘下宫人出，楼前御柳长。仙游终一閟，女乐久无香。寂寞骊山道，清秋草木黄。”早先洪皓在北方时，得到唐人画《骊山宫殿图》一轴，华清宫在山顶，殿外垂着帘子，宫人无数，从帘缝中往里窥视，一时乐官戏剧，品种众多杂乱，都排列于殿下。杜甫的这一首诗，真和他亲眼见到的一样。

卷 七

孙宣公谏封禅等

原文

景德、祥符之间，北戎结好[①]，宇内乂宁，一时邪谀[②]之臣，唱[③]为瑞应祺祥，以罔[④]明主，王钦若、陈彭年辈实主张之。天书既降，于是东封、西祀、太清之行，以次丕讲，满朝耆老方正[⑤]之士，鲜有肯启昌言以遏其奸焰[⑥]，虽寇莱公[⑦]亦为之。而孙宣公奭独上疏争救，于再于三[⑧]。《真录》出于钦若提纲，故不能尽载[⑨]，以故后人罕称之。予略摘[⑩]其大概纪于此。

一章论西祀，曰："汾阴后土，事不经见。汉都雍[⑪]，去汾阴至近；河东者，唐王业所起之地，且又都雍，故武帝、明皇行之。今陛下经重关，越险阻，远离京师根本之固，其为不可甚矣。古者圣王先成民而后致力于神[⑫]，今土木[⑬]之功，累年未息，水旱作沴，饥馑居多，乃欲劳民事神，神其享之乎！明皇嬖宠害政[⑭]，奸佞当涂[⑮]，以至身播国屯。今议者引开元故事以为盛烈，臣窃不取。今之奸臣，以先帝诏停封禅，故赞陛下，以为继承先志。且先帝欲北平幽朔[⑯]，西取继迁[⑰]，则未尝献一谋、画一策以佐陛下。而乃卑辞重币[⑱]，求和于契丹，蹙国縻[⑲]爵，姑息于保吉。谓主辱臣死为空言，以诬下罔上为己任，撰造祥瑞，假托鬼神，才毕东封[⑳]，便议西幸。以祖宗艰难之业，为佞邪侥幸之资，臣所以长叹而痛哭也！"

二章论争言符瑞，曰："今野雕山鹿，并形奏简[㉑]，秋旱冬雷，率皆称贺。将以欺上天，则上天不可欺；将以愚下民，则下民不可愚；将以惑后世，则后世必不信。腹非窃笑，有识尽然[㉒]。"

三章论将幸亳州，曰："国家近日多效唐明皇所为。且明皇非令德之君[23]，观其祸败，足为深戒，而陛下反希慕之！近臣知而不谏，得非奸佞乎？明皇奔至马嵬，杨国忠既诛，乃谕军士曰：'朕识理不明，寄任失所[24]，近亦觉寤。'然则已晚矣，陛下宜早觉寤，斥远邪佞，不袭危乱之迹，社稷之福也！"

四章论朱能天书，曰："奸憸小人，妄言符瑞，而陛下崇信之，屈至尊以迎拜[25]，归秘殿以奉安。百僚黎庶，痛心疾首[26]，反唇腹非[27]，不敢直言。臣不避死亡之诛，听之罪之[28]，惟在圣断。昔汉文成、五利，妄言不雠，汉武诛之。先帝时，侯莫、陈利用方术奸发，诛于郑州。唐明皇得灵符宝券，皆王鉷、田同秀等所为，不能显戮[29]，今日见老君于阁上，明日见老君于山中，大臣尸禄[30]以将迎，端士畏威而缄默。及禄山兆乱，辅国劫迁[31]，大命既倾，前功并弃。今朱能所为是已。愿远思汉武之雄材，近法先帝之英断，中鉴明皇之召祸，庶几灾害不生，祸乱不作。"

奭之论谏，虽魏郑公、陆宣公不能过也。

‖注释

①北戎结好：辽国与宋议和。北戎，北边的少数民族，特指辽国。

②邪谀：奸邪阿谀。

③唱：通"倡"，倡导。

④罔：欺瞒。

⑤耆老：年老而名望很高的大臣。方正：正直不阿。

⑥鲜有肯启昌言以遏其奸焰：很少有肯启齿直言不讳地加以遏制这种奸邪的势焰。鲜有，少有。昌言，正直的、无所忌惮的话。奸焰，奸邪的势头。

⑦寇莱公：寇准，字平仲，北宋著名大臣。政治才能过人，为人耿直不阿。宋太宗时，为参知政事；宋真宗时，曾任同中书门下平章事。辽国侵宋时，寇准力主抵抗，不久，被大臣王钦若排挤罢相。晚年再度被起用。封莱国公。

⑧于再于三：一而再再而三地这样做。

⑨尽载：详尽记载。

⑩摘：摘略。

⑪汉都雍：西汉建都长安。

⑫先成民而后致力于神：先安抚百姓然后再致力于神佛学说。

⑬土木：宫室建造。

⑭嬖宠害政：宠爱女色，因此危及国家政事。

⑮涂：通“途”，道路。

⑯北平幽朔：在北面平定幽朔等边远地区。

⑰西取继迁：往西消灭西夏。

⑱卑辞重币：用谄媚讨好的话语，赏赐大量货币。

⑲縻（mí）：捆，缚。

⑳毕东封：东面泰山封禅。

㉑并形奏简：都可以以奏简的形式上呈皇帝。

㉒尽然：都这个样子。

㉓令德之君：德行高洁的君主。

㉔寄任失所：将大任寄托给不能称职的臣子。

㉕屈至尊以迎拜：弯曲极尊贵的身体用来迎拜它。

㉖痛心疾首：痛恨到了极点。

㉗反唇腹非：不管是嘴上还是内心都极力反对，但是只敢在心里非议而不敢说出来。

㉘听之罪之：听从还是怪罪。

㉙不能显戮：不能明正典刑，即将他们当众处决。

㉚尸禄：安于禄位。

㉛辅国劫迁：李辅国威逼迁都。李辅国，唐肃宗时当权宦官，曾参加随从将士杀杨国忠的兵谏。肃宗继位，李辅国得到宠幸，执掌朝中大权。当时宰相和百官除日常朝见外，奏事必须经由辅国才能面见皇帝。朝中大事，皆由李辅国决断。后玄宗自蜀返京，被尊为太上皇，居南

内兴庆宫。李辅国以肃宗的名义逼太上皇迁居西内太极宫。

||| 译文

宋真宗景德、大中祥符年间，辽国结好于宋，天下安宁，一时奸邪阿谀之臣，倡导瑞应吉祥的征兆，用来欺骗英明的君主，王钦若、陈彭年等确实是这一主张的倡导人。皇上下的天书既已降下，于是东封泰山、西祀汾阴、太清宫祭祀老子之行，以次大讲起来。满朝老臣端平方正之士，很少有肯启齿直言不讳地加以遏制这种奸邪的势焰，即使是寇准这样的人也主张祥瑞封禅。而孙奭独自上书争先挽救此事，一而再、再而三地这样做。《真录》出于王钦若的提纲，所以不能详尽记载这件事，因为后人很少知道它。我略摘其中的大概情况记载于这里。

第一章论述西祀汾阴的事，说："汾阴祭祀地神，事情并不经常见到。西汉建都长安，距离汾阴很近；河东这个地方，是唐朝帝业所兴起的地方，况且又建都长安，所以汉武帝、唐玄宗到汾阴祭祀过后土祠。现在陛下经过重重关口翻越险阻，远离京师根本坚固地方，很不应当这样做。古代圣明君主都是先成就百姓然后再致力于神，现在大兴土木之功，屡年不止，水旱作害，灾荒很多，只想劳民以侍奉神，神能享受吗？唐玄宗宠爱女色危害政治，奸佞之臣当道，以致自身流亡，国家屯兵艰难。现在议论封禅的人引用玄宗开元时期旧事认为轰轰烈烈，臣私下里不敢采取这种说法。现在的奸臣，认为先帝下诏停止封禅，因而来赞扬陛下，以为能继承先帝意志。况且先帝想北面平定幽朔边远地区，西取西夏，他们不曾进献过一谋一策，来辅佐陛下。他们只用卑下的语言、大量货币，求和于契丹，收缩国土束缚爵位，迁就姑息辽国。可称主辱臣死为一句空话，以诬陷下面欺骗皇上为自己的职责，制造祥瑞，假托鬼神，东封泰山才完，便议论向西巡幸。用祖宗艰难的大业，为谄媚取宠官员的资本，臣所以长叹而痛哭！"

第二章论述直言天降符瑞附和人事的事，说："现在野雕山鹿，都可以奏明皇上，秋天发生旱灾，冬天雷声隆隆，都加以称贺。将用它欺骗上天，上天是不可欺辱的；将用它愚弄下民，而下民是不可愚弄的；将用它迷惑后代，而后世必然不相信这些说法。心里不说私下好笑，有识之士都是这样。”

第三章论述将行幸亳州，说：“国家近来多仿效唐玄宗的所作所为。况且唐玄宗并非美德的君主，观察他的灾祸和失败，足以深戒，而陛下反而仰慕他！近臣明知这样还不加谏阻，怎能不是奸佞之臣呢？唐玄宗逃到马嵬坡，杨国忠被杀，于是告谕军士说：‘我不明事理，寄任大臣有失所望，近来我也觉悟了。’然而已经晚了，陛下应早觉悟，斥逐远离奸佞大臣，不因袭危亡败乱的事迹，这是国家的大福呀！”

第四章论述朱能所制造的天书，说：“奸佞小人，乱言符瑞，而陛下却相信它，弯曲极尊贵的身体用来迎拜它，拿到秘殿用来供奉它。百官黎民，痛恨到了极点，口和心都反对这样做，而不敢直言相劝。臣不躲避被杀的危险，听从还是责怪，只在皇上做出决断。过去汉朝文成将军少翁、五利将军栾大，乱言符瑞而不应，汉武帝杀死他们。在先帝时候，侯莫、陈利用因有方术其邪恶被发觉，杀于郑州。唐玄宗得到的灵符宝券，都是王鉷、田同秀等人所作所为，不能明正典刑，当众处决，今天朝见老君于阁上，明天朝见老君于山中，大臣安于禄位而逢迎老君，端士因害怕威严都默不作声。至安禄山叛乱时，李辅国威逼迁都，帝王的命令既倾衰，前功尽弃。现在朱能所作所为正是这样。愿陛下远思汉武帝的雄才大略，就近效法先帝的英明决断，中间借鉴唐明皇招来的祸害，也许可以灾害不生，祸乱不发作。”

孙先生的论谏，即使是魏徵、陆贽也不能超过他。

赦恩为害

原文

赦过宥罪[①]，自古不废，然行之太频，则惠奸长恶[②]，引小人于大谴之域[3]，其为害固不胜言矣。唐庄宗同光二年大赦，前云："罪无轻重，常赦所不原[4]者，咸赦除之。"而又曰："十恶五逆、屠牛、铸钱、故杀人[5]、合造毒药、持仗行劫、官典犯赃，不在此限。"此制正得其中[6]。当乱离之朝，乃能如是[7]，亦可取也，而今时或不然。

| 原文

①赦过宥罪：赦免过错宽宥罪行。宥，宽宥，原谅。

②惠奸长恶：姑息奸佞，助长邪恶。

③引小人于大谴之域：将小人引导至犯罪的地步。

④不原：不加以追究。

⑤十恶：法律规定的不可赦免的十种重大罪名。包括谋反、谋大逆、谋叛、恶逆、不道、大不敬、不孝、不睦、不义、内乱。五逆：泛指各种逆伦之罪。屠牛：宰杀耕牛。铸钱：私自铸造钱币。故杀人：故意杀人。

⑥中：宗旨。

⑦乃能如是：尚且能做到这样。

||| 译文

赦免过错宽宥罪行，自古没有废除过，但实行的太频繁，就会仁慈奸人助长邪恶，引导小人陷入犯罪之地，这种危害固然不能一个一个地说出来。唐庄宗同光二年大赦，前面说："罪过不论轻重，常赦允许不加追究的，都赦免它。"而又说："谋反、谋叛、谋恶逆、不道、大不敬、不孝、不义等十恶、五逆、屠杀耕牛、私自铸钱、故意杀人、合造毒药、持杖抢劫、官吏贪赃犯法，不在大赦之内。"这一诏书正适合大赦的宗旨。唐庄宗在紊乱离散的朝代，尚且能如此这样，也有可取之处，而现在有时就不是这样了。

周武帝宣帝

| 原文

周武帝平齐，中原尽入舆地[①]，陈国不足平也，而雅志节俭，至是愈笃[②]。后宫唯置妃二人，世妇三人，御妻三人，则其下保林、良使辈，度不过数十耳。一传而至宣帝，奢淫酣纵[③]，自比于天，广搜美女，以实后宫，仪同以上女不许辄嫁，遂同时立五皇后。父子之贤否[④]不同，一至于此！

|| 注释

①尽入舆地：都成为他的领土。

②愈笃：越发专一坚定。

③奢淫酣纵：奢侈荒淫醉酒放纵。

④贤否：贤明与奸恶。

||| 译文

北周武帝宇文邕灭掉北齐后，中原地区都成了他的领土，地处江南的陈国就容易平定了，而他素志节俭，到这个时候就更加坚定。后宫仅设置妃子二人，世妇三人，御妻三人，保林、良使等女官，大概不过数十人。传到他儿子宣帝宇文谟时，就奢侈荒淫醉酒放纵，自比于天，广泛搜索美女，用来充实后宫，仪同三司官员以上的女儿不许随便出嫁，于是同时立有五个皇后。他们父子贤和恶的不同，竟然达到这种程度！

卷 八

忠宣公谢表

原文

建炎[1]三年，先忠宣公衔命使[2]北方，以淮甸贼蜂起，除兼淮南、京东等路抚谕使，俾李成以兵护至南京。

公遣书抵成，成方与耿坚围楚州，答书曰："汴[3]泗，虹有红巾，非五千骑不可往。军食绝，不克唯命[4]。"公阴遣客说坚，坚强成敛兵。公行未至泗，谍云："有迎骑甲而来。"副使龚璹惮之，送兵亦不肯前，遂反旆。即上疏言："李成以馈饷稽缓[5]，有引众纳命建康之语。今靳赛、薛庆方横，万一三叛连衡[6]，何以待之？方含垢养晦[7]之时，宜选辩士谕意，优加抚纳。"疏奏，高宗即遣使抚谕成，给米五万斛。初，公戒[8]所遣持奏吏，须疏从中出，乃诣政事堂白[9]副封。时方禁直达[10]，忤宰辅意，以托事滞留为罪，特贬两秩，而许出滁阳路。绍兴十三年使回，始复元官。时已出知饶州，命予作谢表，直叙其故，曰："论事见从[11]，犹获稽留之戾[12]。出疆滋久[13]，屡沾旷荡之恩[14]。始拜明纶[15]，得仍旧秩。伏念臣顷繇乏使，不敢辞难。值三盗之连衡，阻两淮而荐食，深虞猖獗之患，或起呼吸之间，辄露便宜[16]，冀加勤恤。虽玺书赐报，乐闻充国[17]之建言，而吏议不容，见谓陈汤之生事。亏除宦簿，绵历岁时[18]，敢自意[19]于来归，遂悉还于所夺。兹盖忘人之过，与天同功。念臣昔丽于微文，蔽罪本无于它意，故从数赦，俾获自新。"书印既毕，父兄复共议，秦桧方擅国，见此表语言，未必不怒，乃别草[20]一通引咎曰："使指稽留，宜速亏除之戾[21]。圣恩深厚，卒从拔拭之科。仰服矜怜[22]，唯知感戴。伏念臣早繇乏使，遂俾行成，值巨寇之临冲[23]，欲搏人而肆毒，仗节[24]宜图于报称，引车何事于逡巡。徐偃出疆，既失受辞之体；申舟假道，初无必死之心。虽蒙贬秩以小惩，尚许立功而自赎。徒行万里，无补一毫[25]，敢妄冀于隆宽，乃悉还于旧贯。兹盖忘人之过，抚下以仁。阳为德而阴为刑，未尝私意；赏有功而赦有罪，皆本好生。坐使孤臣，尽湔宿负[26]。”云云。前后奉使，无有不转官[27]者。先公以朝散郎被命，不沾恩凡十五年，而归仅复所贬，而合磨勘[28]五官，刑部皆不引用，秦志也。遂终于此阶[29]。

|| 注释

①建炎：宋高宗的年号。

②衔命使：奉皇上旨意出使。

③汴：汴河。

④不克唯命：不能承担这个任务。

⑤稽缓：延误，迟缓。

⑥连衡：联合起来。

⑦含垢养晦：韬光养晦，隐忍不发。

⑧戒：命令。

⑨白：交出。

⑩时方禁直达：当时正禁止奏疏直接交与皇上。

⑪论事见从：议论的事情被迫服从。

⑫戾：罪名。

⑬出疆滋久：出使金国许久。

⑭旷荡之恩：皇帝给予的恩惠。

⑮始拜明纶：开始担任显要的官职。明纶，帝王的诏令。

⑯辄露便宜：依靠道路的方便。

⑰充国：赵充国，汉朝将军，曾率兵平定氐族人的反叛。

⑱绵历岁时：延续岁月。

⑲自意：自愿。

⑳别草：另外起草。

㉑宜速亏除之戾：应该赶紧改变枉任的罪名。

㉒仰服矜怜：仰首感怀圣上的怜悯之心。

㉓值巨寇之临冲：当时正值贼寇攻城略地。

㉔仗节：我作为朝廷的使节。

㉕无补一毫：未能有任何补救。

㉖尽湔（jiān）宿负：洗去平时的忧虑。湔，洗去。

㉗无有不转官：没有不升迁转官的。

㉘磨勘：唐宋官员考绩升迁的制度。官员被反复查验后，根据考绩决定官职的升降。

㉙遂终于此阶：于是最后死在这个官职上。

||| 译文

宋高宗建炎三年，先是洪皓奉命出使金国，因淮河一带盗贼蜂起，任兼淮南、京都等路抚谕使，使李成用兵护卫到南京（今河南商丘）。

洪皓先发送书信到李成那里，当时李成与耿坚正围攻楚州，答书说：“汴河已经干涸，虹（今安徽泗县）地有红巾军，除非有五千兵马不可往那里去。军队绝粮，不能胜任此命。”洪皓就暗中派遣说客说服耿坚，让他强迫李成收兵。当洪皓行走到泗州，刺探敌情的兵士说：“有骑兵往这迎面而来。”副使龚璹很害怕，护送的士兵也不肯前进，于是返回。龚立即上书高宗，说：“李成因军饷迟缓，有领军交命建康的话。现在靳赛、薛庆正横行一时，万一他们三股叛军联合起来，如何对待他们？正忍受耻辱隐藏待起之时，应选择舌辩之士以晓谕皇上的意思，给以优厚待遇抚慰收纳他们。”高宗接到奏疏后，即派遣使臣安抚李成，给米五万斛。当初，洪皓命令所派遣的送书官吏，奏疏必须从省中出，才能前往正事堂交出副件。当时正禁止奏疏直达皇上，违背宰相心意，宰相就以借故拖延的罪名，特此贬官两级，才许出任滁阳路官员。高宗绍兴十三年出使金国的使臣回国，才恢复他原来的官职。当时洪皓已经出任为饶州知府，命我做感谢的表章，我直叙其中的原因，说：“议论之事被迫服从，仍然获得了托事停留的罪名。出使金国日久，屡次获得宏大的恩惠。开始任显官时，得到的仍然是旧俸禄。考虑臣顷刻之间被任命为无能的使节，又不敢推辞艮难。当时正值李成等三股盗贼联合之时，阻隔淮北、淮南而不断侵略土地，深感忧虑猖狂的祸患，或起于呼吸之间。依靠道路方便，希望勤加抚恤。虽然皇上下诏书加以赏赐，乐于听从像汉代赵充国平定武都氐人反叛那样的建议，而官吏议论不容许时，会有陈汤那样的事情发生。枉任朝臣，延续岁月，敢于自愿归来，于是全部归还所夺去的官秩。这大概是朝廷忘记了别人的过错，和天有同样的功劳。思念臣过去系于小文，遮盖自己的罪过本来没有其他的意思，所以听从数次赦免，使我改过自新。”书写盖印既已完毕，父兄共同商议，担心秦桧正专擅国政，见此上表中的语言，未必不发怒，就另外起草一通引罪自责的上表，说：“命令指责停留，应速改变枉任的罪名。皇恩深厚，终于擦拭眼泪。敬服怜悯之心，仅知感恩戴德。念臣早年被任命为无能的使节，于是使我出使求和，当时正值贼寇攻城略地，残害无辜。拿着凭证应图报于朝廷，牵免车辆怎么会迟疑不决？徐偃王走出自己的疆土，既失去国家又受到人们的指责；楚国的申舟借道于宋，最初并没有必死的决心。虽然承蒙朝廷贬官给以小的惩处，尚允许立功赎罪。徒步行程万里，对国家没有丝毫补益，竟敢妄自希望于宽恕，于是朝廷归还于原官。这大概是忘记别人过错，安抚下面以仁德。阳是德、阴是刑，不曾有私心，奖赏有功者赦免有罪者，人本性都是喜好生存的，将使孤臣，尽洗平时忧虑。”如此等。前后奉使的人，没有不升调官职的。先父以朝散郎被任命为出使官员以来，不沾皇恩共十五年，而回来后仅恢复所贬的官职，而与磨勘相合，五官和刑部，都不引用，这是秦桧的意志。于是死于任上。

唐贤启状

原文

故书中有《唐贤启状》一册，皆泛泛缄题[①]。其间标为独孤常州及、刘信州太真、陆中丞长源、吕衡州温者，各数十篇，亦无可传诵。时人以[②]其名士，故流行至今。独孤有《与第五相公书》云：“垂示《送丘郎中》两诗，词清兴深[③]，常情所不及。‘阴天闻断雁，夜浦送归人。’醲丽闲远之外，文句窈窕悽恻[④]，比顷来所示者，才又加等。但吟诵叹咏，大谈于吴中文人耳。”又云：“昨见《送梁侍御》六韵，清丽妍雅，妙绝今时，掩映风骚，吟讽不足。”案，第五琦乃聚敛之臣，不以文称[⑤]，而独孤奖重[⑥]之如此。观表出十字，诚为佳句，乃知唐人工诗者多，不必专门名家而后可称也。

‖注释

①泛泛缄题：扣题不够深入。

②以：认为。

③词清兴深：文辞清丽，比兴深刻。

④文句窈窕凄恻：文辞美艳而又凄惨动人。

⑤不以文称：不以诗文著称于后世。

⑥重：看重，推崇。

‖|译文

旧书中有《唐贤启状》一册，都是不深入地扣住了题目。其中标有独孤常州及、刘信州太真、陆中丞长源、吕衡州温的题目，各数十篇，也不可传诵。当时的人认为他们是名士，所以流行今天。独孤有《与第五相公书》说：“垂示《送丘郎中》两首诗，文词清丽比兴深刻，一般常情是不能达到的。‘阴天闻断雁，夜浦送归人。’除了醇浓艳丽闲情逸致之外，文句美好凄惨，比向来所看到的，文才又有增加。特吟诵叹咏，与吴地文人大谈起这首诗来。”又说：“昨天见到《送梁侍御》六韵，清新艳丽妍雅，妙语绝伦今时，隐约映衬《诗经》和《楚辞》，吟诵不足。”按唐人第五琦乃是搜刮民脂民膏的贪官，诗文并不被人们称道，而独孤却如此褒奖他。看他《送丘郎中》诗中仅十字，诚然是佳句，就知唐人善于作诗的人太多了，不必是专门名家，在他们之后也有可以称道的。

卷九

赦放债负

| 原文

淳熙十六年二月登极赦："凡民间所欠债负，不以久近多少，一切除放[①]。"遂有方出钱旬日，未得一息，而并本尽失之者，人不以为便[②]。何澹为谏大夫，尝论其事，遂令只偿本钱，小人无义[③]，几至喧譟。绍熙五年七月覃赦，乃只为蠲[④]三年以前者。案，晋高祖天福六年八月，赦云："私下债负取利及一倍者并放。"此最为得[⑤]。又云："天福五年终已前，残税并放。"而今时所放官物，常是以前二年为断[⑥]，则民已输纳，无及于惠矣。唯民间房赁欠负，则从一年以前皆免。比之区区五代，翻有所不若也。

|| 注释

①除放：免除。

②人不以为便：人们不认为这是可行的事情。

③小人无义：一些小人贪利忘义。

④蠲：赦免。

⑤得：适当，得益。

⑥断：限期。

||| 译文

宋孝宗淳熙十六年二月登极赦说："凡是民间所欠国债，不因年代远近、数量多少，一切加以免除。"于是有刚借出去的钱还不到十天，没得到一点利息，而连本都失去了，人们不认为是可行之事。何澹任谏议大夫，曾经议论过这件事，于是又下令只偿还本钱，一些小人贪利无义，几乎达到喧闹的地步。光宗绍熙五年七月，皇上对百姓进行赦免，但只是赦免三年以前所欠的债。按晋高祖天福六年八月，赦令说："私人欠债以及已经收取利息一倍的都加以免除。"此赦令颇为得体。又说："天福五年十二月以前，过去残留的赋税一并免除。"而今天所放官物，常是以前二年为限，而百姓已经交纳给官府，百姓没有得到实惠。仅民间租赁房子所欠债，则从一年以前都加以赦免。今天和小小的五代相比，反而有所不如。

周玄豹相

| 原文

唐庄宗时，术士周玄豹以相法[①]言人事，多中。时明宗为内衙指挥使，安重诲使他人易服[②]而坐，召玄豹相之。玄豹曰："内衙，贵将也，此不足当[③]之。"乃指明宗于下坐，曰："此是也。"因为明宗言其后贵不可言。明宗即位，思玄豹以为神。将召至京师，宰相赵凤谏，乃止。观此事，则玄豹之方术可知。然冯道初自燕归太原，监军使张承业辟为本院巡官，甚重之，玄豹谓承业曰："冯生无前程，不可过用[④]。"书记卢质曰："我曾见杜黄裳写真图，道之状貌酷类焉，将来必副[⑤]大用，玄豹之言不足信也。"承业于是荐道为霸府从事。其后位极人臣，考终牖下[⑥]，五代诸臣皆莫能及，则玄豹未得擅唐、许之誉也。道在晋天福中为上相，诏赐生辰器币。道以幼属乱离[⑦]，早丧父母，不记生日，豤辞不受。然则道终身不可问命[⑧]，独有形状可相，而善工[⑨]亦失之如此。

|| 注释

①相法：相面的方法。

②易服：改变服装。

③当：担当。

④不可过用：不可太过任用。

⑤副：辅佐。

⑥考终牖下：寿终正寝，老死家中。

⑦幼属乱离：幼年时饱经离乱。

⑧然则道终身不可问命：然则冯道终生都不能询问自己的命运。古时人按照生辰八字推算命运，冯道不记自己的生辰，所以说他终生都不能询问命运。

⑨善工：善于绘画的人。

||| 译文

后唐庄宗时期，道术之士周玄豹用相面的方法来预言人事，有很多被说中的。当时明宗还是内衙指挥使，安重诲让他人改变服装而坐在那里，召周玄豹来为他相面。周玄豹说："内衙是贵将，此人不能当此重任。"于是指着下位的明宗说："这个人可当此重任。"因为明宗听说他日后将富贵逼人。明宗即位后，想周玄豹相面如神，想要召他到京师来，宰相赵凤加以谏阻，就停止召他来。观察此事，周玄豹的方术是出名的。但冯道当初自幽州投归太原时，监军使张承业担任本院巡官，很重视他，周玄豹对张承业说："冯道没有什么前程，不可过于任用。"书记卢质说："我曾经见过唐人杜黄裳的画像，冯道的相貌和他十分相似，将来必能辅佐人君得到大用，周玄豹的言论不足以相信。"张承业于是推荐冯道任霸府从事。其后位居宰相，寿终于家中，五代时期各位大臣都不能超过他，于是周玄豹不得专擅术士名誉。冯道在后晋天福年间任上相，皇上下诏赐给他生辰器物币帛。冯道因幼年遭丧乱，父母早死，不记自己生日，诚恳推辞不受。那么冯道终身不可询问命运，只有形貌可以观察，而善画像的画师也失掉了挣钱的机会。

卷 十

唐夜试进士

| 原文

唐进士入举场得用烛，故或者以为自平旦至通宵。刘虚白有“二十年前此夜中，一般灯烛一般风”之句，及三条烛尽[①]之说。按《旧五代史·选举志》云：“长兴二年，礼部贡院奏当司奉堂帖[②]夜试进士，有何条格者。敕旨[③]：‘秋来赴举，备有常程[④]，夜后为文，曾无旧制[⑤]。王道以明规是设，公事须白昼显行，其进士并令排门齐入就试[⑥]，至闭门时试毕，内有先了者，上历画时，旋令先出，其入策亦须昼试，应诸科对策，并依此例。’”则昼试进士，非前例也。清泰二年，贡院又请进士试杂文，并点门入省[⑦]，经宿[⑧]就试。至晋开运元年，又因礼部尚书知贡举窦贞固奏，自前考试进士，皆以三条烛为限，并诸色举人有怀藏书册不令就试。未知于何时复有更革。白乐天集中奏状云：“进士许用书册，兼得通宵。”但不明言入试朝暮也。

|| 注释

①三条烛尽：考试时间以三条蜡烛为限。

②堂帖：文件，规定。

③敕旨：皇帝的诏令。

④常程：一般的规程。

⑤旧制：惯例。

⑥其进士并令排门齐入就试：参加考试的人都要服从命令在门外排好次序一齐进入考场。

⑦点门入省：指定进入特别的官署部门。

⑧经宿：经过一宿，即第二天。

译文

唐朝进士入考场得用蜡烛，因而有人以为要从天刚亮考到第二天通宵。刘虚白有“二十年前此夜中，一般灯烛一般风”的诗句，又有三只蜡烛燃尽为限之说。《旧五代史·选举志》中说：“后唐明宗长兴二年，礼部贡院奏当司奉宰相下的文件（堂贴）夜间考试进士，专门有人拿着文件的条款。皇帝的诏令说：‘秋天来参加考试，准备有一般规程，入夜后才写文章，不曾有旧的制度。王道都是按明白的常规设立的，公事必须在白昼公开进行，参加考试的人都要服从命令在门外排好次序一齐进入考场，到关门时考试结束，其中如有先考完的人，记好他的时间，就令他先出去，他们入策也须要白天考试，应试各科对策，并仍照此例。’”白天考试进士，不是以前的惯例。后唐末帝清泰二年，贡院又请示计进士考试杂文，并且指定进入特别官署部门，过一宿就参加考试。到了后晋出帝开运元年，又因为礼部尚书知贡推举窦贞固的奏折，以前考试进士，都以三只蜡烛的时间为限，并且各种举人有怀藏书本的就不让他参加考试。不知道到什么时候再有革新。白居易集中奏状说：“进士允许参考书册，并且得通宵达旦。”但没有说明白入试的时间是清晨还是晚上。

朱梁轻赋

原文

朱梁之恶，最为欧阳公《五代史记》所斥詈[①]。然轻赋[②]一事，《旧史》取之，而《新书》不为拈出。其语云：“梁祖之开国也，属黄巢大乱之余，以夷门一镇，外严烽候[③]，内辟汙莱[④]，厉以耕桑[⑤]，薄其租赋[⑥]，士虽苦战，民则乐输[⑦]，二纪之间[⑧]，俄成霸业。及末帝与庄宗对垒于河上，河南之民，虽困于辇运[9]，亦未至流亡。其义无他，盖赋敛轻而丘园可恋故也。及庄宗平定梁室，任吏人孔谦为租庸使，峻法以剥下[10]，厚敛以奉上，民产虽竭，军食尚亏，加之以兵革，因之以饥馑，不四三年，以致颠陨[11]。其义无他，盖赋役重而寰区[12]失望故也。"予以事考之，此论诚然，有国有家者之龟鉴也。《资治通鉴》亦不载此一节。

|| 注释

①斥詈：斥责。

②轻赋：减轻赋税。

③外严烽候：对外严密注视烽火台，防止外敌入侵。烽候，古时有烽火台，专门用来关注外族的动向。

④内辟汙莱：对内避免自然灾害和盗贼。辟，避免。

⑤厉以耕桑：严格要求农民努力耕织。

⑥薄其租赋：减轻他们的赋税。

⑦民则乐输：百姓乐于为士兵输送给养。

⑧二纪之间：二十四年后。一纪为十二年。

⑨辇运：军用物资的运输。

⑩峻法以剥下：用严苛的法令来盘剥民众。

⑪颠陨：崩溃倾颓。

⑫寰区：广大民众。

||| 译文

朱梁的罪恶，最为欧阳修先生在《五代史记》中所斥责。然而朱梁主张减轻赋税一事，《旧史》上有记载，而《新书》却没有注意这一点。朱梁说："梁朝的先祖开国的时候，正是黄巢起义大乱将要结束之时，先祖凭借夷门一个城镇，对外严密注视烽火台防止外敌入侵，对内要避免自然灾害和盗贼，以严苛要求农民努力耕种，而减少他们的赋税，士兵虽然饱尝战争之苦，百姓们却乐于为之输送给养，二十四年间，很快成就了霸业。到了末帝与后唐庄宗两军对垒于黄河上时，黄河以南的民众，虽然被运送军物搞得疲惫不堪，也没有逃亡的。民众思想上没别的，都因为赋税轻而且家乡故土值得留恋的缘故。到了庄宗平定梁朝王室时，任用官吏孔谦为租庸使，以严苛法度来盘剥民众，厚征暴敛来奉献皇上，民众的物产虽被榨取干净，可军队的食品还不够用，再加上战事频繁，又因为饥荒严重，不到三四年，国家就面临崩溃了。造成这种局面没有别的原因，全是赋税劳役惨重而广大民众失望的缘故。”我用历史事实考证，这一论点真实可信，这是拥有国家的人应当借鉴的。《资治通鉴》也没记载这一点。

卷十一

东坡三诗

| 原文

东坡初赴惠州，过峡山寺，不值[1]主人，故其诗云："山僧本幽独，乞食况未还。云碓水自舂，松门风为关。石泉解娱客，琴筑鸣空山。"既至惠州，残腊[2]独出，至栖禅寺，亦不逢一僧，故其诗云："江边有微行，诘曲背城市。平湖春草合，步到栖禅寺。堂空不见人，老稚掩关睡。所营在一食，食已宁复事。客行岂无得？施子净扫地。风松独不静，送我作鼓吹。"后在儋耳作《观棋》诗，记游庐山白鹤观，观中人皆阖户昼寝[3]，独闻棋声，云："五老峰前，白鹤遗址。长松荫庭，风日清美。我时独游，不逢一士。谁欤棋者？户外屦二。不闻人声，时闻落子。"其寂寞冷落之味，可以想见，句语之妙，一至于此。

|| 注释

①值：遇见。

②残腊：腊月要过完的时候。

③阖户昼寝：关上大门，白天睡觉。

||| 译文

苏东坡初次去惠州时，路过峡山寺，没有见到主人，所以写诗为："山僧本幽独，乞食况未还。云碓水自春，松门风为关。石泉解娱客，琴筑鸣空山。"到了惠州之后，腊月将过之时独自出游，来到栖禅寺，也没遇到一个僧人，所以写诗说："江边有微行，诘曲背城市。平湖春草合，步到栖禅寺。堂空不见人，老稚掩关睡。所营在一食，食已宁复事。客行岂无得？施子净扫地。风松独不静，送我作鼓吹。”后来在儋耳又写了《观棋》诗，记载游庐山白鹤观时，观中人都闭门在白天睡觉，只听到下棋的声音。诗如下：“五老峰前，白鹤遗址。长松荫庭，风日清美。我时独游，不逢一士。谁欤棋者？户外屦二。不闻人声，时闻落子。”诗中写的寂寞冷落的情景，完全可以想见，语句之美妙，也达到了极高的境界。

容斋四笔

卷　一

云梦泽

| 原文

云梦，楚泽薮[①]也，列于《周礼·职方氏》。郑氏曰："在华容。"《汉志》有云梦官。然其实云也、梦也，各为一处。《禹贡》所书："云土梦作乂。"注云："在江南。"惟《左传》得其详，如夫夫人弃子文于梦中。注云："梦，泽名，在江夏安陆县城东南。"楚子田江南之梦。注云："楚之云、梦，跨江南北。"楚子济江入于云中。注："入云泽中，所谓江南之梦。"然则，云在江之北，梦在其南也。《上林赋》："楚有七泽，尝见其一，名曰云梦，特其小小者耳，方九百里。"此乃司马长卿夸言。今为县，隶德安，询诸彼人[②]，已不能的指[③]疆域。《职方氏》以"梦"为"瞢"，《前汉·叙传》："子文投于瞢中。"音皆同。

|| 注释

①泽薮：沼泽地。

②彼人：当地的人。

③的指：明确说出。

||| 译文

云梦（大致包括今湖北江汉平原及附近部分丘陵山峦地区），是楚国的一处沼泽地，在《周礼·职方氏》中有记载。郑氏说："在华容（今湖北潜江西南）境内。"《汉书·地理志》中记有云梦地区的官。其实"云"和"梦"各为一处。《禹贡》记载："云土梦作乂。"其注释说："在长江以南。"只有《左传》记载详细，如夫夫人遗弃子文于梦地。注释说："梦，沼泽名，位于江夏安陆县（今属湖北）城的东南。"又记楚子打猎于江南的梦地。注释说："楚国的云、梦两地，横跨长江南北。"楚子渡江才到云地。注释说："进入云地沼泽中，这就是所谓江南的梦地。"然而，云地在长江以北，梦地在长江以南。《上林赋》中记载："楚地有七处沼泽地，曾经见到一处，称为云梦，方圆九百里，不过是小小的一处而已。"这是司马长卿的虚夸之说。现在云梦为县，隶属于德安（治今湖北安陆）。我询访当地的人，他们已不能明确说出当时云梦的范围。《职方氏》中将"梦"写作"瞢"，《前汉·叙传》中有："子文投于瞢地中。"两字读音相同。

战国策

| 原文

刘向序《战国策》，言其书错乱相揉[1]，莒本字多误脱为半字，以"赵"为"肖"，以"齐"为"立"，如此类者多。予案今传于世者，大抵不可读，其《韩非子》《新序》《说苑》《韩诗外传》《高士传》《史记索隐》《太平御览》《北堂书钞》《艺文类聚》诸书所引用者，多今本所无。向博极群书，但择焉不精[2]，不止于文字脱误而已。惟太史公《史记》所采之事九十有三，则明白光艳，悉可稽考，视向为有间[3]矣！

|| 注释

①揉：杂糅。

②择焉不精：校验不够仔细。

③有间：有很大差距。

||| 译文

刘向在为《战国策》所作的序中认为，这部书错乱相杂，莒本的《战国策》中许多字误脱成了半个字，如以“赵”为“肖”，以“齐”为“立”等，如此之类不胜枚举。我自己认为，现今传世的《战国策》本子，大多都不可阅读。其他《韩非子》《新序》《说苑》《韩诗外传》《高士传》《史记索隐》《太平御览》《北堂书钞》《艺文类聚》诸书所引用的《战国策》内容，大多为现今流行本所没有。刘向博览群书，但校证《战国策》并不细致，这部书中不仅仅存在文字脱误问题。仅以司马迁《史记》所载为例，他的书中采用有《战国策》的事例九十三条，而意思明明白白，一清二楚，都可资以考证。刘向的学问与司马迁相比，差得远了。

卷　二

鬼谷子书

Ⅰ原文

鬼谷子与苏秦、张仪书曰："二足下功名赫赫，但春华至秋，不得久茂。今二子好朝露之荣，忽长久之功[①]；轻乔、松之永延，贵一旦之浮爵，夫女爱不极席，男欢不毕轮，痛哉夫君！"《战国策》楚江乙谓安陵君曰："以财交者，财尽而交绝；以色交者，华落而爱渝[②]。是以嬖女[③]不敝席，宠臣不敝轩。"吕不韦说华阳夫人曰："以色事人者，色衰而爱弛。"《诗·氓》之序曰："华落色衰，复相弃背。"是诸说大氐意同，皆以色而为喻。士之嗜进[④]而不知自反者，尚监兹哉！

Ⅱ注释

①"今二子"两句：如今你们两位喜好朝廷惠宠的荣耀，忽略建立长久功业的打算。朝露之荣，在此意为求取功名，享受荣华富贵。因为这种追求如朝露不可长久，鬼谷子故而如此形容。

②渝：停止，破灭。

③嬖女：受宠的女子。

④嗜进：喜好追求晋升高位。

Ⅲ译文

鬼谷子在给苏秦、张仪的信中说："你们两位有赫赫功名，但春花到了秋天，不可能久盛不衰。现在你们两位喜欢朝廷惠宠之荣耀，忽略了建立长久功业的打算；轻视乔、松声名之永垂，崇尚一时之虚位。

大凡男女相爱，女子不得列坐宴席，男子不得越此求彼。我为你们真感到悲伤啊！”《战国策》中楚国江乙曾对安陵君说：“以钱财缘故交往者，财尽而交情断绝；以美色缘故交往者，容色退则爱情灭。所以受宠的女子不破坏席宴车乘的规定，得宠的臣僚不破坏等级高下的规定。”吕不韦劝勉华阳夫人说：“以美色奉事人者，容色衰退则爱情消失。”《诗经·卫风·氓》的序言中又说：“女子华容衰退，又心相背而遭遗弃。”这诸多说法的意思大抵相同，都是以美色事作比喻来告诫人们该怎样去做。士大夫们喜欢追求晋升高位而不知道反省自己，还没有以此为鉴啊！

张天觉小简

| 原文

张天觉熙宁中为渝州南川宰。章子厚经制夔夷[①]，狎侮[②]州县吏，无人敢与共语。部使者念[③]独张可亢之，檄[④]至夔。子厚询人才，使者以告，即呼入同食，张着道士服，长揖就坐。子厚肆意大言，张随机折之，落落出其上，子厚大喜，延为上客。归而荐诸王介甫[⑤]，遂得召用。政和六年，张在荆南，与子厚之子致平一贴云：“老夫行年七十有四，日阅佛书四五卷，早晚食米一升、面五两、肉八两，鱼、酒佐之，以此为常，亦不服暖药，唯以呼吸气昼夜合天度而已。数数梦见先相公，语论如平生，岂其人在天仙间，而老夫定中神游或遇之乎？嗟乎，安得奇男子如先相公者，一块吾胸中哉！”此帖藏致平家，其曾孙简刻诸石。予今年亦七十四岁，侄孙偲于长兴得墨本以相示，聊记之云。

|| 注释

①经制夔夷：负责经划夔州边地人民事备。

②狎侮：轻慢，欺侮。

③念：想到。

④檄：下文书征召。

⑤王介甫：即王安石，字介甫，北宋名相。

||| 译文

张天觉熙宁中任渝州（今重庆）南川县长官。当时章子厚负责经划夔州（今重庆奉节）边区民族事务，轻蔑、欺侮州县官吏，没有人敢去同他谈话。官署里的人都想到唯有张天觉可以与章子厚抗言说劝，于是下文书征召他到夔州。子厚寻求有才能的人，使者引荐了张天觉，子厚喊他进入一起用餐，张天觉身着道士服饰，拱手高举行礼后就座。子厚大言不惭，张天觉随机应变，句句都压住了他的话，思辨能力明显高出一筹，子厚大为喜悦，把他作为宾宴上客招待。回去后又把他引荐给王安石，于是被召录用为官。政和六年，张天觉在荆南（今湖北江陵）时，在给子厚儿子章致平的一封书信中说："老夫我已经是将近七十四岁的人了，每天阅读佛教经典四五卷，吃米一升、面五两、肉八两，另外还配以鱼和酒，习以为常，也不服药养身，只以这样平平常常地度过日日夜夜，打发时光。我晚上经常梦见你父亲，他言谈笑语如同活着一样，难道他在阴间的天仙世界里，而老夫我一定要神游那里与他会面不可？真是啊，哪里可以找得到像你父亲那样的奇伟男子而能使我心中得到愉快呢？"这封书信藏在致平的家中，章子厚的曾孙章简把它刻在了石头上。我今年也七十四岁了，我侄子的孙子洪偲在长兴（今属浙江）得到了这封书信的墨本，拿来让我看，这里姑且记述一则。

卷　三

韩公称李杜

| 原文

《新唐书·杜甫传赞》曰："昌黎韩愈于文章重许可[①]，至歌诗，独推曰：'李杜文章在，光焰万丈长。'诚可信云。"予读韩诗，其称李、杜者数端，聊疏[②]于此。《石鼓歌》曰："少陵无人谪仙死，才薄将奈石鼓何？"《酬卢云夫》曰："高揖群公谢名誉，远追甫白感至诚。"《荐士》曰："勃兴得李杜，万类困凌暴。"《醉留东野》曰："昔年因读李白杜甫诗，长恨二人不相从。"《感春》曰："近怜李杜无检束，烂漫长醉多文辞。"并《唐·志》所引，盖六用之[③]。

|| 注释

①重许可：十分精通，这是可以肯定的。

②疏：记述。

③盖六用之：以上共有六处用到这类诗。

||| 译文

《新唐书·杜甫传赞》说："昌黎韩愈在做文章方面十分精通，这是可以肯定的。至于诗歌，他唯独推崇：'李杜文章在，光焰万丈长。'诚然可信。"我读韩愈的诗篇，其中称道李白、杜甫的有几种情况，姑且分别陈述于此。《石鼓歌》中有："少陵无人谪仙死，才薄将奈石鼓何？"《酬卢云夫》有："高揖群公谢名誉，远追甫白感至诚。"《荐士》有："勃兴得李杜，万类困凌暴。"《醉留东野》有："昔年因读李白杜甫诗，长恨二人不相从。”《感春》有：“近怜李杜无检束，烂漫长醉多文辞。”这些都是《新唐书·志》中所引用的诗句。以上共有六处用到这类诗。

吕子论学

| 原文

吕子曰：“天生人而使其耳可以闻，不学[①]，其闻则不若聋[②]；使其目可以见，不学，其见则不若盲；使其口可以言，不学，其言则不若喑[③]；使其心可以智，不学，其智则不若狂[④]。故凡学，非能益之也，达天性[⑤]也，能全天下之所生，而勿败之，可谓善学者矣。”此说甚美，而罕为学者所称，故书以自戒。

|| 注释

①不学：如果不学习。

②其闻则不若聋：那么他听到的东西还不如聋子听到的多。

③喑：哑巴。

④狂：疯子。

⑤达天性：知晓天性之理。

||| 译文

吕子中说：“天地产生出人，使他有耳可听，若不学习，他所听到的还比不上聋子；使他有目可视，若不学习，他所看到的还比不上盲人；使他有口可言，若不学习，他所说的话还比不上哑巴；使他有心可以思维，若不学习，他的思智还比不上疯癫的人。所以，学习不但能使人受益，知晓天性之理，还能充分发挥天所赋予他的各种生理机能的作用，使他有所作为而不致沉沦。做到这些可以说是善于学习的人了。”这段议论十分精辟，然而很少为学者所称颂，因此这里写出来作为自戒。

卷 四

外台秘要

丨原文

《外台秘要》，载《制虎方》云：“到山下先闭气三十五息[①]，所在山神将虎来到吾前，乃存吾肺中，有白帝出，收取虎两目，塞吾下部中[②]，乃吐肺气，上自通冠一山林之上。于是良久，又闭气三十五息，两手捻都监目作三步，步皆以右足在前，乃止，祝曰：‘李耳、李耳，图汝非李耳邪。汝盗黄帝之犬，黄帝教我问汝云何。’毕，便行，一山虎不可得见。若卒逢之者，因正面立，大张左手五指侧之，极势跳[③]，手上下三度，于跳中大唤，咄[④]曰：‘虎，北斗君使汝去！’虎即走。”予谓人卒逢虎，魂魄惊怖，窜伏[⑤]之不暇，岂能雍容步趋，仗咒语七字而脱邪？因读此方，聊书之以发一笑。此书乃唐王珪之孙焘所作，本传云：“焘视母疾，数从高医游，遂穷其术，因以所学作书，讨绎精明[⑥]，世宝焉。”盖不深考也。

丨丨注释

①闭气三十五息：屏住呼吸三十五次。

②塞吾下部中：把它塞到我的腹中。

③极势跳：用尽力气跳跃。

④咄：呵斥。

⑤窜伏：逃跑。

⑥讨绎精明：论述精到明确。

丨丨丨译文

《外台秘要》一书记载的《制虎方》中说：“走到山下面，自己先屏住呼吸三十五次，那么所在的山神就会让老虎来到我跟前，于是就想着从我肺中有白帝出来，收取老虎的两只眼睛，把它塞到我的腹中，这时再吐出肺气，肺气出来后自然上升冠于山林之上。这样停了一段时间，再屏住呼吸三十五次，双手向前并拢睁大眼睛前进三步，每步都先出右脚，然后停住，祈祷说：‘李耳、李耳，如果想着袭击你就不是李耳。你偷走了黄帝的犬，黄帝让我来问你这是为什么。’说毕便向前走，一个山虎就立时看不见了。若仓猝间遇上了老虎，它就立在眼前，你应尽力张开左手的五指斜指着它，用尽力气跳跃，手上下摆动三回，并在跳跃中大声呼叫，呵斥说：‘虎，北斗君使汝去！’这样老虎就离开了。”我想人们仓猝遇见老虎，惊恐万状，跑藏还来不及，怎么能够镇定自若地靠近它，并凭着呵斥的七个字就可以脱身呢？因为读到这一制虎怪法，姑且记录下来，作为一个笑话。这本书是唐朝王珪的孙子王焘所作，他的本传中说：“王焘探视母病的时候，多次跟从名医游玩，于是探讨研究了他的法术，并把自己所学到的东西写成了书，论述精到明确，视为世宝。”这大概是由于没有深入考究而得出的结论。

六枳关

原文

盘洲种枳六本[①]，以为藩篱之限。立小门，名曰“六枳关”。每为人问其所出，倦于酬应。今取冯衍《显志赋》中语书于此。衍云：“揵六枳而为篱。”案，《东观汉记》作八枳。《逸周书·小开》篇云：“呜呼！汝何敬非时，何择非德[②]？德枳维大人，大人枳维公，公枳维卿，卿枳维大夫，大夫枳维士。登登皇皇，维在国枳，国枳维都，都枳维邑，邑枳维家，家枳维欲无疆。”言上下相维，递为藩蔽[③]也。其数有八，与《东观记》同。予详考之，乃九枳也。宋景文公《贺宰相启》“式维公枳”盖用此云。

|| 注释

①盘洲种枳六本：盘洲，即洪适，字景伯，号盘洲。宋代金石学家。枳，落叶灌木或小乔木，植株和橘树很像。六本，六棵。

②何择非德：做什么事情不表现出高尚的情操。

③上下相维，递为藩蔽：上下之间相互维系、互为屏护。

||| 译文

洪适曾种植六株枳子，作为篱笆隔墙。中间开了一个小门，名为“六枳关”。他每每被人问起这个名称的由来，整天疲于应答这些问题。现在我摘取冯衍《显志赋》中的话抄录于此。冯衍说：“植六株枳子作为篱笆。”《东观汉记》中作八株枳子。《逸周书·小开》篇中说：“真的是啊！你什么时间不表示出对上的尊敬，干什么事不表现出高尚的德操？德枳维护大人，大人之枳维护公，公枳维护卿，卿枳维护大夫，大夫枳维护士。长长远远，维护在于国枳，而国枳又维护都，都枳维护邑，邑枳维护家，家枳维护的范围没有边际。”这里就是指上下之间相互维系、互为屏护的意思。此书中所说的枳子有八株，与《东观汉记》所载相同。我仔细查证后，知道实为九株枳子。宋景文公在《贺宰相启》一文中的“式维公枳”之语，就是取用这个意思。

卷五

饶州风俗

| 原文

嘉祐中，吴孝宗子经者，作《余干县学记》，云："古者江南不能与中土等，宋受天命[1]，然后七闽二浙与江之西东，冠带《诗》《书》，翕然大肆[2]，人才之盛，遂甲于天下[3]。江南既为天下甲，而饶人喜事，又甲于江南。盖饶之为州，壤土肥而养生之物多，其民家富而户羡，蓄百金者不在富人之列。又当宽平无事之际，而天性好善，为父兄者，以其子与弟不文为咎；为母妻者，以其子与夫不学为辱。其美如此。"予观今之饶民，所谓家富户羡，了非昔时，而高甍巨栋连阡亘陌者，又皆数十年来寓公所擅[4]，而好善为学，亦不尽如吴记所言。故录其语以寄一叹。

|| 注释

①宋受天命：宋朝建国。

②翕然大肆：非常盛行。

③甲于天下：位居天下之首。

④擅：占据。

||| 译文

北宋仁宗嘉祐年间，吴孝宗曾撰《余干县学记》，在这篇文章中说："古时候，江南地区在国内经济文化中的地位，不能与中原地区相比。宋朝建国以后，七闽（今福建）、二浙（浙东、浙西，今浙江），及大江东西（今长江西下游南、北两岸的地区），读书的风气很盛，人才辈出，数量之多，居于国内首位。江南已居国内首位，而饶州（今江西饶阳）又居江南首位。这是由于饶州土壤肥沃，适宜于多种动植物及农作物的生长，百姓生活富余而有积蓄，有着百金的人家不能算作富人。每当天下安宁太平无事的时候，饶州人乐于行善。做父亲兄长的，往往为自己的儿子、兄弟不读书学习文化而感到内疚；做母亲妻子的，往往为自己的儿子、丈夫不学习文化而感到羞愧。这是多么好的社会风尚啊！”经过我的仔细观察，现在饶州的百姓，虽然家里富裕而有积蓄，可也非昔日之所比。高楼巨栋拔地而起连在一起，近几十年来，往往为那些坐享其成的寓公所占有。而那种乐于助人、好做善事、勤奋好学的社会风尚，也不像吴孝宗所说的那样美好。兹将吴孝宗所说录之于此，实乃令人惋惜！

禽畜菜茄色不同

| 原文

禽畜、菜茄①之色，所在不同，如江、浙间，猪黑而羊白，至江、广、吉州以西，二者则反是。苏、秀间，鹅皆白，或有一班褐者，则呼为雁鹅，颇异而畜之。若吾乡，凡鹅皆雁②也。小儿至取浙中白者饲养，以为湖沼观美。

浙西常茄皆皮紫，其皮白者为水茄。吾乡常茄皮白，而水茄则紫。其异如是。

|| 注释

①禽畜：家禽，家畜。菜茄：泛指蔬菜。

②雁：花色。

||| 译文

家畜、蔬菜的颜色，由于各地环境不同，因而也不相同。比如在江、浙一带，猪的颜色是黑色，而羊则是白的。到江州（今江西九江）、广州、吉州（今江西吉安）以西的地方，二者颜色则相反，猪是白色的，羊是黑色的。在苏州、秀州（今浙江嘉兴）一带，鹅都是白色的，偶尔见到一只身上有褐色斑点的鹅，当地人就叫它为雁鹅，都很惊奇，把它当作稀奇动物进行饲养。而在我的故乡饶州鄱阳，所有的鹅都是花色的。而把白色的鹅当作稀奇动物，有些小孩子甚至购买浙东、浙西的白鹅来饲养，放在湖泽小河中供人们观赏。

茄子皮的颜色，在浙西地区一般都是紫色的，长有白皮的茄子，当地人叫它为水茄。而在饶州鄱阳则相反，一般的茄子皮都是白颜色，水茄则是紫颜色。其差异之大，于此可见。

卷 六

韩文公逸诗

| 原文

唐五窦《联珠集》①载，窦牟为东都判官，陪韩院长、韦河南同寻刘师，不遇，分韵赋诗。都官员外郎韩愈得寻字，其语云："秦客何年驻，仙源此地深。还随蹑凫骑，来访驭云襟。院闭青霞入，松高老鹤寻。犹疑隐形坐，敢起窃桃心。"今诸本韩集皆不载。近者莆田方崧卿考证访赜甚至②，犹取《联珠》中窦庠《酬退之登岳阳楼》一大篇，顾独遗此，何也？

|| 注释

①唐五窦《联珠集》：唐朝窦常、窦牟、窦群、窦庠、窦巩五兄弟共同编写《联珠集》。

②访赜：访问。甚至：非常下功夫。

||| 译文

唐朝窦常、窦牟、窦群、窦庠、窦巩五兄弟的《联珠集》中记载，窦牟在任东都判官时，曾经陪同韩愈、韦执中一道去找刘尊师。不巧，未能见到。于是三人分韵赋诗。都官员外郎韩愈的诗，韵用寻字。他在诗中写道："秦客何年驻，仙源此地深。还随蹑凫骑，来访驭云襟。院闲青霞入，松高老鹤寻。犹疑隐形坐，敢起窃桃心。"而今所见韩愈文集的各种本子，都不见有这首诗。近来，莆田方崧卿在考订、访问方面很下功夫，仍然只取《联珠集》中窦庠所写的《酬退之登岳阳楼》一长篇，亦将这首诗漏掉，这是什么原因呢？

徙木偾表

| 原文

商鞅变秦法，恐民不信，乃募民徙三丈之木而予五十金。有一人徙[①]之，辄予金，乃下令。

吴起治西河，欲谕其信于民，夜置表[②]于南门之外，令于邑中曰："有人能偾表者，仕之长大夫。"民相谓曰："此必不信。"有一人曰："试往偾表，不得赏而已何伤[③]？"往偾表，来谒吴起，起仕之长大夫。自是之后，民信起之赏罚。

予谓鞅本魏人，其徙木示信，盖以效起，而起之事不传。

|| 注释

①徙：搬迁。

②表：表杆。

③何伤：有什么妨碍。

||| 译文

战国时代，商鞅在秦国推行变法，他怕百姓不相信国家的改革法令，于是就决定在都城城门前，竖一根三丈长的木杆，并且公开宣布谁能搬走那根三丈长的木杆，就赏给五十金。这天，突然有一个人将这根木杆搬走，商鞅知道后，马上下令赏给那个人五十金。并且施行法令，布告天下。

吴起在魏国做西河（今陕西大荔）长官时，为了取信于民，就在一天夜里，派人在都城南门外竖立一根表杆，并在城中公开宣布："谁能将这根表杆推倒，就任命做长大夫的官。"老百姓听到这些宣传，议论纷纷。有人说，这是绝对不可相信的，哪有这样的好事。也有人说："不管是真是假，不妨去试一试，如果将那根表杆推倒，最多得不到赏赐，也没有什么妨碍。"说完，就来到都城的南门外，一下子就把那根表杆推倒了。之后，他去求见吴起，告诉自己推倒了南门外的表杆。吴起当即宣布任命他为长大夫官。经过这件事之后，魏国的军民对吴起实行的改革法令及赏罚不再有所怀疑了。

商鞅本来是魏国人，后到秦国做官进行变法，他的搬移木杆取信于民的做法，大概是仿效吴起的计谋。而吴起立木示信的首创之功，却未流传下来，很少为人所知。

建武中元续书

| 原文

《随笔》所书《建武中元》一则，文惠公[①]作《隶释》，于蜀郡守何君《阁道碑》一篇中，以为不然。比[②]得蜀士袁梦麒应祥《汉制丛录》，亦以纪、志、传不同为惑，而云近岁雅州荥经县治之西，有得《蜀郡治道记》于崖壁间者，记末云："建武中元二年六月就。"于是千载之疑，涣然冰释。予观何君《阁道》正建武中元二年六月就。袁君所言荥经崖壁之记，盖是此耳。但以出于近岁，恨不得质[③]之文惠，为之恻然。

|| 注释

①文惠公：即洪适。

②比：近来。

③质：质疑。

||| 译文

《容斋随笔》中有《建武中元》一则，我曾对这一记载谈了自己的看法。文惠公洪适在所著《隶释》中，对于所存蜀郡太守何君《阁道碑》中的建武中元亦有考释，认为不是这样。近来看到蜀人袁应祥《汉制丛录》，亦以纪、志、传所记不同而感到困惑。近年在雅州荥经县城西部山区的崖壁上，发现有《蜀郡治道记》石刻，在这篇记最后，书作：“建武中元二年六月建成。”这一发现，使得一千多年来的疑虑，迎刃而解。依据蜀郡太守何君《阁道碑》所记，阁道正式建成是在汉光武帝建武中元二年六月。袁应祥所说荥经县西崖壁石刻的《蜀郡治道记》，也就是这块石碑。但是，由于它是近年来才被人们发现的，不能用它与文惠公质疑商榷，非常遗憾。

卷 七

西太一宫六言

| 原文

“杨柳鸣蜩绿暗，荷花落日红酣。三十六陂春水，白头想见江南。”荆公[①]《题西太一宫六言》首篇也。今临川刻本以“杨柳”为“柳叶”，其意欲与荷花为切对，而语句遂不佳。此犹未足问，至改“三十六陂春水”为“三十六宫烟水”，则极可笑。公本意以在京华中，故想见江南景物，何预于宫禁哉？不学者妄意涂窜[②]，殊为害也。彼盖以太一宫为禁廷离宫尔。

|| 注释

①荆公：王安石，因被封荆国公，世人又称王荆公。

②不学者：不学无术的人。妄意涂窜：任意涂抹窜改。

||| 译文

“杨柳鸣蜩绿暗，荷花落日红酣。三十六陂春水，白头想见江南。”这首诗是王安石所作《题西太一宫六言》诗中的首篇。现在所见到的临川刻本王安石集中，以为“杨柳”应为“柳叶”，其用意在于想与荷花切对，但是语句并不好。对此，可不必责问。至于将诗中“三十六陂春水”改为“三十六宫烟水”，却是非常可笑的。王安石这首诗的本意是说在北方的人，会不时想念江南美丽诱人的景物，这与皇宫中的禁令毫不相干。那些不学无术的人，任意窜改王安石的诗，危害是显而易见的。导致他们乱改致误的原因，大概是由于他们把太一宫作为皇宫中的离宫的缘故。

人焉廋哉

原文

孔子论人之善恶，始之曰“视其所以[①]”，继之以“观其所由，察其所安[②]”，然后重言之[③]曰：“人焉廋哉，人焉廋哉！”盖以上之三语详察之也。而孟氏一断以眸子，其言曰：“存乎人者，莫良于眸子。眸子不能掩其恶，胸中正，则眸子瞭焉[④]，胸中不正，则眸子眊焉。听其言也，观其眸子，人焉廋哉！”说者谓：“人与物接之时，其神在目。故胸中正，则神精而明。不正，则神散而昏。心之所发，并此而观，则人之邪正不可匿[⑤]矣。言犹可以伪为，眸子则有不容伪者。孔圣既已发之于前，孟子知言之要，续为之说，故简亮[⑥]如此。”旧见王季明云：太学士子尝戏作一论，其略云：“知人焉廋哉之义，然后知人焉廋哉，人焉廋哉之义。知人焉廋哉，人焉廋哉之义，然后知人焉廋哉之义。孔子所云‘人焉廋哉，人焉廋哉’者，详言之也。孟子所云‘人焉廋哉’者，略言之也。孔子之所谓‘人焉廋哉，人焉廋哉’，即孟子之所谓‘人焉廋哉’也。孟子之所谓‘人焉廋哉’，即孔子之所谓‘人焉廋哉，人焉廋哉’也。”继又叠三语为一云：“夫人焉廋哉，人焉廋哉，人焉廋哉，虽曰不同，而其所以为人焉廋哉，人焉廋哉，人焉廋哉，未始不同。”演[⑦]而成数百字，可资一笑，亦几于侮圣言[⑧]矣！

注释

①视其所以：观察他所结交的朋友。

②观其所由，察其所安：观察他为达到目的所采用的手段，了解他的心情安于什么，不安于什么。

③重言之：重复说。

④瞭焉：明亮的样子。

⑤匿：藏匿。

⑥简亮：简洁明确。

⑦演：推演，衍生。

⑧几于侮圣言：几乎是对圣人言论的侮辱。

||| 译文

孔子在谈到如何判断一个人的善恶时，开始说“要观察他所交往的朋友”，接着说“要观察他为达到目的所采用的手段，了解他的心情安于什么，不安于什么”，最后重复说：“一个人的善恶怎么能隐藏得住呢，一个人的善恶怎么能隐藏得往呢？”以上这三句话，是孔子通过详细观察所得出的结论。而孟子在谈到这个问题时提出以眼睛来判断。他说：“观察一个人的善恶，再没有比观察他的眼睛更好的了。因为眼睛不能掩盖一个人的丑恶。心正，眼睛就明亮。心不正，眼睛就昏暗。听一个人说话时，注意观察他的眼睛，这个人的善恶，又能往哪里隐藏呢？”有人说：“人在与物接触的时候，他的神情集中表现在眼睛上。心正，注意力集中，眼睛就明亮。心不正，注意力分散，眼睛就昏暗。正与不正，出之内心。由此看来，一个人的心邪与心正是隐藏不住的。说话可以弄虚作假，但是眼睛是不能弄虚作假的。关于这一点，孔子早已提出，孟子亦深知孔子所说的总旨，进一步阐发，所以简洁明确。”过去听王季明说：太学的士子曾经戏作一篇文章，大意是说：“明白‘一个人的善恶又能往那里隐藏呢？’这句话的意思，然后就会明白‘一个人的善恶怎么能隐藏得住呢，一个人的善恶怎么能隐藏得住呢’这句话的意思。明白了后一句话的意思，然后也会明白前一句话的意思。孔子所说的‘一个人的善恶怎么能隐藏得住呢，一个人的善恶怎么能隐藏得住呢’是详细而言的。孟子所说‘一个人的善恶又能往那里隐藏呢’，是粗略而言。孔子连用‘一个人的善恶怎么能隐藏得住呢，一个人的善恶怎么隐藏得住呢’即是孟子所说的‘一个人的善恶怎么能隐藏得住呢’，反过来说，孟子所说的也就是孔子所说。”不仅如此，继之而来的，还有三次重复：“一个人的善恶怎么能隐藏得住呢？’这句话为一句话，虽然与单独使用，与重复使用有所不同，而其所以三次重复写作‘一个人的善恶怎么能隐藏得住呢，一个人的善恶怎么能隐藏得住呢，一个人的善恶怎么能隐藏得住呢’的原因，与单独使用、重复使用并没有什么不同。”就这么一句话，甚至演变成好几百字，只可供人发笑，这亦几乎是对圣人言论的侮辱。

卷八

得意失意诗

| 原文

旧传有诗四句诵世人得意者云："久旱逢甘雨，他乡见故知。洞房花烛夜，金榜挂名时。"好事者续以失意四句曰："寡妇携儿泣，将军被敌擒。失恩宫女面[1]，下第举人心[2]。"此二诗，可喜可悲之状极矣。

|| 注释

①失恩宫女面：失宠的宫女愁容满面。

②下第举人心：落第的举人心中酸楚。

||| 译文

过去社会上流传一首诗，四句，称道人的得意，说："久旱逢甘雨，他乡见故知。洞房花烛夜，金榜挂名时。"有些多事的人，又仿照这首诗，续得四句，描写人的失意，说："寡妇携儿泣，将军被敌擒。失恩宫女面，下第举人心。"这两首诗，将人得意时的喜悦，失意时的悲伤，描绘得淋漓尽致。

华元入楚师

| 原文

《左传》，楚庄王围宋，宋华元夜入楚师，登子反[1]之床，起之曰：

“寡君使元以病[2]告。”子反惧，与之盟，而退三十里。杜注曰：“兵法，因其乡人而用之，必先知其守将左右谒者、门者之姓名，因而利道之。华元盖用此术，得以自通。”予案前三年晋、楚邲之战，随武子称楚之善曰：“军行，右辕[3]，左追蓐[4]，前茅虑无[5]，中权后劲[6]，军政不戒而备。”大抵言其备豫[7]之固。今使敌人能入上将之幕而登其床，则刺客奸人，何施不得？虽至于王所可也，岂所谓军制乎？疑不然也。《公羊传》云：“楚使子反乘堙[8]而窥宋城，宋华元亦乘堙而出见之。”其说比《左氏》为有理。

|| 注释

①子反：即司马子反，楚国大将。

②病：困难。

③右辕：右军跟随主将的车辕。

④左追蓐：左军打草作为歇息的准备。

⑤前茅虑无：前锋部队旌旗为路以防意外。

⑥中权：中军谋划。后劲：后面以精兵做后盾。

⑦豫：防守。

⑧堙：构筑的土堆工事。

||| 译文

《左传》记载：楚庄王派兵进攻宋国，宋国遭到突然袭击，急忙派华元连夜潜入楚营，登上楚将司马子反的床，叫他起来，说：“我国国君派我来，把困难告诉你。”司马子反害怕了，就与宋国签订了盟约，下令楚军撤围，退兵三十里。杜预在这里作注说：“兵法上说，选将用人在选用其乡人时，一定要先知道守将的侍从左右谒者、守门人的姓名，以便因势利导。华元巧妙地使用了这一方法，因而取得了成功。”按：在此前三年，晋、楚两国的军队在邲（今河南荥阳北）会战。随武子称赞楚国治军有方："军队出行，右军跟着主将的车辕，左军打草作为歇息的准备，前军以旌旗为路以防意外，中军斟酌谋划，后军以精兵作为后盾。军中政教不必等待命令而完备。"这则记述，大致是说军队出动要严密防备。现在让敌人进入上将军的行营帐篷并登上上将军的床，那么使用刺客、间谍，又有什么做不到的呢？虽然来到王所是可以的，这难道是军中的制度吗？我怀疑情况不是这样。《公羊传》里记述这件事时说："楚国让司马子反乘构筑的土堆工事而窥视宋城，宋国华元亦乘构筑的土堆工事而前往楚营见到司马子反。"在我看来，后面这一种说法，与《左传》所述相比，更为合乎情理。

卷　九

沈庆之曹景宗诗

| 原文

宋孝武尝令群臣赋诗，沈庆之手不知书，每恨眼不识字，上逼令作诗，庆之曰："臣不知书，请口授师伯。"上即令颜师伯执笔，庆之口授之曰："微生遇多幸，得逢时运昌。朽老筋力尽，徒步还南冈。辞荣此圣世，何愧张子房[①]？"上甚悦，众坐并称其辞意之美。

梁曹景宗破魏军还，振旅凯入，武帝宴饮连句，令沈约赋韵，景宗不得韵，意色不平，启求赋诗。帝曰："卿伎能甚多，人才英拔，何必止在一诗？"景宗已醉，求作不已。时韵已尽，唯余"竞""病"二字。景宗便操笔，其辞曰："去时儿女悲，归来笳鼓竞。借问行路人，何如霍去病？"帝叹不已，约及朝贤惊嗟竟日[②]。

予谓沈、曹二公，未必能办此，疑好事者为之，然正可为一佳对，曰："辞荣圣世，何愧子房？借问路人，何如去病？"若全用后两句，亦自的切[③]。

|| 注释

①张子房：即张良，字子房。

②竟日：一整天。

③的切：自然真切。

||| 译文

一天，南朝宋孝武帝令群臣赋诗。沈庆之自己不会写字，也不识字，看到孝武帝也要他作诗，不免有些焦急。无奈，只好奏明圣上，说："臣自幼不会写字，请允许我口述，让颜师伯记录下来。"孝武帝接受了他的请求，就命颜师伯执笔记录。沈庆之思索之后说道："微生遇多幸，得逢时运昌。朽老筋力尽，徒步还南冈。辞荣此圣世，何愧张子房？"孝武帝听了，十分高兴。在坐的文武大臣听罢，也都异口称赞这首诗的语言优美。

南朝梁曹景宗发兵与北魏军队作战，大获战捷凯旋。梁武帝特设盛宴祝贺，并命文武群臣赋诗对句助兴。武帝让沈约提出赋诗时所用的韵，曹景宗没有得到分给他的韵字，不能赋诗，心中很不高兴。于是，就请求武帝允许他赋诗。武帝见此情景，就劝他，说："爱卿武艺超人，人才英俊，何必为一首诗而计较呢？"这时候，曹景宗正在兴头上，饮酒已有醉意，连声请求武帝允许他赋诗。原先拟定的韵字，只剩"竞""病"二字了。景宗听后，立即操笔疾书诗一首。诗中说："去时儿女悲，归来笳鼓竞。借问行路人，何如霍去病？"武帝看后，惊叹不已，赞不绝口。沈约及参与赋诗的文武大臣亦为此赞叹竟日。

在我看来，沈庆之、曹景宗二人，未必真能作出这样令人叹服的好诗，疑为那些多事的人所杜撰。然而，这两首诗正好可以合成为这样一篇佳对："辞荣圣世，何愧子房？借问路人，何如去病？"若全用后两句，亦非常恰当真切。

欧阳公辞官

原文

欧阳公自亳州除兵部尚书知青州，辞免至四[①]，云："恩典超优，迁转颇数[②]。臣近自去春由吏部侍郎转左丞，未逾两月，又超转三资，除刑部尚书。今才逾岁，又超转两资。尚书六曹，一岁之间，超转其五。"累降诏不从其请[③]。此是熙宁元年未改官制时，今人多不能晓。盖昔者左右丞在尚书下，所谓左丞超三资除刑书者，谓历工、礼乃至刑也。下云又超两资者，谓历户部乃至兵也。其上唯有吏部，故言尚书六曹，超转其五云。

|| 注释

①辞免至四：多次连续奏请辞官。

②迁转颇数：升迁许多次。

③累降诏不从其请：朝廷连续下诏不准许他辞官。

||| 译文

欧阳修自从在亳州（今安徽亳州）除授兵部尚书知青州（今山东潍坊）以来，连续奏请辞官。他在上书中说："承蒙皇上特恩眷念，使臣得以多次晋升。臣自去年春天，由吏部侍郎转为左丞，不到两个月，又越次转资三等，升为刑部尚书。任刑部尚书到现在刚过一年的时间，又越次转资二等。尚书省下属有六曹，官员的晋升，是严格按照工、礼、刑、户、兵、吏的资序进行的。而臣在一年之内，连续越次转资五等。"欧阳修辞官的上书，接连进呈了四次。朝廷看到之后，就连续下诏不准许他辞官。这是神宗熙宁元年没有进行官制改革以前的事，现在有很多人都不知道这个情况。因为宋代官制旧制规定左丞、右丞位在尚书之下。所谓左丞越次转资三等为刑部尚书，是说没有经过工部、礼部直接转为刑部尚书。另外，下面所说越次转资二等，是说没有经过户部直接转为兵部。在兵部的上面只有吏部。所以欧阳修在上疏中说，自己是在尚书六曹中，连续越次转资五等。

卷 十

亲王回庶官书

| 原文

《随笔》中载亲王与侍从往还礼数，又得钱丕《行年杂纪》云：“升王[①]受恩命，丕是时为将作少监，亦投贺状，王降回书签子启头[②]。继为皇太子，三司判官并通榜子，诣内东门参贺。通入后，中贵[③]出传令旨传语。及受册宝讫，百官班贺，又赴东宫贺，宰相亲王阶下班定[④]，太子降阶[⑤]，宰相前拜，致词讫，又拜。太子皆答拜，亦致词叙谢。”一时之仪如此。

|| 注释

①升王：宋真宗第六子赵受益（赵祯）。

②王降回书签子启头：升王回书答谢时，将回书装在封带里，封带外面贴有贴条。签子，签条，贴在封袋上的狭长纸条。

③中贵：宫中宦官。

④宰相亲王阶下班定：宰相及各个亲王在台阶下按照品级，排定班次。

⑤降阶：走下台阶。

||| 译文

关于宋代亲王与侍从交往的礼仪，我在《容斋随笔》中立有专目记述。又见钱丕《行年杂纪》中记述：“赵受益受封为升王时，丕为将担任少监，亦进呈贺状表示祝贺，升王回书答谢时，将回书装在封带里，封带外面贴有一个长纸条。后来，升王受封为皇太子时，三司判官一起先用札子通报，同到内东门参拜祝贺。通报进入后，宫中宦官出来传达宣读令旨。举行接受册宝仪式完毕，文武百官列班恭贺，接着又到东宫祝贺，宰相及各个亲王在台阶下按照品级，排定班次，皇太子下台阶，宰相上前向太子拜贺，并致贺词，致词完毕之后，再拜。皇太子俱都一一答谢，亦致词表示谢意。”宋代开国之后，亲王回谢一般官员的礼仪，在一个时期内是这样的。

青莲居士

| 原文

李太白《赠玉泉仙人掌茶诗序》云：“荆州玉泉寺近清溪诸山，往往有乳窟[①]。其水边处处有茗草罗生[②]，枝叶如碧玉，唯玉泉真公常采而饮之。余游金陵，见宗僧中孚，示予茶数十片，其状如手，名为‘仙人掌茶’，盖新出乎玉泉之山，旷古未觌[③]，因持以见遗，兼赠诗，要予答之，遂有此作。后之高僧大隐，知仙人掌茶发乎中孚禅子及青莲居士李白也。”太白之称，但有“谪仙人”尔，“青莲居士”，独于此见之，文人未尝引用。而仙人掌茶，今池州九华山中亦颇有之，其状略如蕨拳[④]也。

|| 注释

①乳窟：石钟乳丛生的洞穴。

②罗生：到处生长。

③觌（dí）：见到。

④蕨拳：指蕨芽。因其端卷曲如拳，故名。

||| 译文

唐朝诗人李白在《赠玉泉仙人掌茶诗序》中说：“在荆州玉泉寺附近，有清溪诸山并峙，山间有石钟乳丛生的洞穴。在水边的地方，到处长满着名叫茗草的茶草。茗草的枝叶如同碧玉，似乎还没有引起人们的注意，只有玉泉寺的真公常常采摘作为茶叶饮用。有一次游历，我来到金陵（今江苏南京），与高僧中孚相见，他拿出一种茶叶数十片给我看，叶片的形状很像人的手掌，所以就把它叫作‘仙人掌茶’。这是才从荆州玉泉山采集而来的，自古以来，从未有人见到过。因此，特意拿出来赠送给我，并且赠诗一首，要我作诗酬答。为此，我写下了这首诗。后来的高僧及著名的隐士，都知道仙人掌茶起源于中孚禅子及青莲居士李白。”作为李白名号的太白称号，只有“谪仙人”“青莲居士”的称号，仅仅在这里见到，还没有见有人引用。而仙人掌茶，在现在池州（今安徽贵池）九华山中亦有出产，它的形状与才长出来的蕨菜差不多，很像小孩子的手掌。

容斋五笔

卷　一

狐假虎威

| 原文

谚有“狐假虎威”之语，稚子来扣其义，因示以《战国策》《新序》所载。《战国策》云：“楚宣王问群臣曰：‘吾闻北方之畏昭奚恤也，果诚何如[①]？’群臣莫对。江乙对曰：‘虎求百兽而食之，得狐，狐曰：“子无敢食我矣，天帝使我长百兽[②]，今子食我，是逆天帝命也。子以我为不信[③]，吾为子先行，子随我后，观百兽之见我而敢不走乎？”虎以为然，故遂与之行。兽见之皆走，虎不知兽畏己而走也，以为畏狐也。今王之地方五千里，带甲百万，而专属之昭奚恤，故北方之畏奚恤也，其实畏王之甲兵也，犹百兽之畏虎也。’”《新序》并同。而其后云：“故人臣而见畏者，是见君之威也，君不用，则威亡矣。”俗谚盖本诸此[④]。

|| 注释

①果诚何如：果真这样吗。

②长百兽：管理百兽，做百兽之王。

③子以我为不信：你如果不相信我。

④本诸此：源于此处。

||| 译文

有个成语叫“狐假虎威”，我的幼子向我请教其意义，我就把《战国策》《新序》两书中的有关记载给他看。《战国策》中记载：“楚宣王曾问群臣：‘我听说北方诸国很害怕昭奚恤将军，果真如此吗？’群臣中一时无人应对。江乙回答：‘老虎天天捉各种动物以充饥，一天，它捉住一只狐狸，狐狸就对老虎说：“你不敢吃我！天帝让我做百兽之王，今天你要吃我，这是违逆天帝命令的。你如果不相信，我可以在前面走，你紧随我身后，看看百兽之中有谁见了我敢不逃跑？”虎信以为真，所以就跟随它走着。百兽见到它们都慌忙逃窜，老虎不知道百兽是害怕自己而逃跑，还认为它们是害怕狐狸。现在大王您的属地方圆五千里，有百万强大的军队，而把军队委托给昭奚恤指挥，所以北方诸国畏惧奚恤，其实他们害怕的是大王强大的军队，就像是百兽害怕老虎一样。’”《新序》中所记载的与此相同。而且在前文之后接着写道：“所以说人们害怕那些大臣，主要是害怕君主的权力，君主若不将权力赋予大臣，大臣的权威也就不存在了。”这句成语大概就源出于此。

徐章二先生教人

| 原文

徐仲车先生为楚州教授，每升堂[①]，训诸生曰：“诸君欲为君子，而劳己之力，费己之财，如此而不为，犹之可也；不劳己之力，不费己之财，何不为君子？乡人贱之[②]，父母恶之[③]，如此而不为可也；乡人荣之[④]，父母欲之[⑤]，何不为君子？”又曰：“言其所善，行其所善，思其所善，如此而不为君子者，未之有也。言其不善，行其不善，思其不善，如此而不为小人者，未之有也。”成都冲退处士章，隐者，其学长于《易》《太玄》，为范子功解述大旨[⑥]，再复摘词曰：“‘人之所好而不足者，善也；所丑而有余者，恶也。君子能强其所不足，而拂[⑦]其所有余，则《太玄》之道几[⑧]矣。’此子云仁义之心，予之于《太玄》，述斯而已。或者苦其思[⑨]，艰其言[⑩]，迂溺其所以为数，而忘其仁义之大，是恶足以语道哉！”二先生之教人，简易明白，学者或未知之，故表出于此。

注释

①升堂：开堂讲学，给学生上课。

②乡人贱之：如果乡人都轻贱君子。

③父母恶之：父母厌恶君子。

④乡人荣之：乡人以做君子为荣耀。

⑤父母欲之：父母希望你成为君子。

⑥大旨：要义，主旨。

⑦拂：去除，摒弃。

⑧几：可以达到。

⑨苦其思：为其精深的思想而困惑。

⑩艰其言：被其艰深的言辞吓倒。

译文

宋人徐仲车先生曾为楚州（今江苏淮安）州学教授，每次给学生上课，就教导学生说："各位都想成为君子，如果为此而耗费了你的精力和钱财，你不想做还说得过去；若不需你出力，也不需你破费，为什么不做君子呢？若同乡人都鄙视君子，父母也讨厌君子，你不想做君子也说得过去；若同乡人以做君子为荣耀，父母也希望你成为君子，为什么不做君子呢？"他又说："若言、行、思都以善为本，没有不成为君子的。若言、行、思都以恶为源，也没有不成为小人的。"成都冲退居士章詧，是一个隐士他对《易》《太玄》有精深的研究，他为范子功讲解其中的要旨，用摛词解释说："‘对于人来说，好而从不满足即是善；丑而有余即是恶。若君子能增强其所不足的东西，而摒弃其多余的东西，那么《太玄》中所讲的道理就领悟了。’这是孔子所提倡的仁义之心，我对于《太玄》，也不过是讲述这些罢了。有的人或为其精深的思想而困惑，或为其晦涩的语言所难倒，或沉溺于它所讲的术数，而忘掉了其中最宝贵的东西——仁义，这样的人，怎么能够给他讲道理呢？”二位先生教育人，总是简易明白，学人有的还不知道这些，所以我把他们的事迹记述于此。

王安石弃地

|原文

熙宁七年，辽主洪基遣泛使萧禧来言河东地界[①]未决。八年再来，必欲以代州天池分水岭为界。诏询于故相文彦博、富弼、韩琦、曾公亮以可与及不可许之状，皆以为不可。王安石当国，言曰：“将欲取之，必固与之。”于是诏不论有无照验，擗拨[②]与之。往时界于黄嵬山麓，我可以下瞰其应、朔、武三州，既以岭与之，虏[③]遂反瞰忻、代，凡东西失地七百里。

案庆历中，虏求关南十县，朝廷方以西夏为虑，犹不过增岁币以塞[④]其欲，至于土地，尺寸弗与。熙宁之兵力胜于曩时[⑤]，而用萧禧坚坐都亭之故，轻弃疆埸设险要害之处。安石果于大言，其实无词以却[⑥]之也。孙权谓：“鲁肃劝吾借刘玄德地云：‘帝王之起，皆有驱除，关羽不足忌。’此子敬[⑦]内不能辨，外为大言耳！”安石之语亦然。

||注释

①言河东地界：就宋辽两国河东（今山西太原）一带边界问题进行谈判。

②擗拨：分割。

③虏：此处代指辽国人。

④塞：搪塞，满足。

⑤曩时：往时，以前。

⑥却：退却，拒绝。

⑦子敬：即鲁肃，字子敬，三国时期吴国著名谋臣和武将。

||| 译文

北宋熙宁七年，辽国皇帝洪基派遣使者萧禧来宋，谈判宋辽两国河东（今山西太原）一带边界问题，没有结果。第二年萧禧又为此事而来，坚持两国要以代州（今山西代县）天池分水岭为国界。神宗皇帝就能否接受辽国的条件下诏征求前宰相文彦博、富弼、韩琦、曾公亮的意见，他们都认为不能答应。当时，王安石做宰相执掌朝政，上奏皇帝说："要想取之，必先予之。"于是皇帝下诏，不论察看勘验与否，都按萧禧的要求划拨给辽国。以前，宋辽两国边界在黄嵬山麓，我方可以居高临下俯瞰辽国的应州（今山西应县）、朔州（今山西朔州）、武州（今山西神池）三州，现在把黄嵬山岭割给辽国，辽贼反而俯瞰我忻州（今山西忻县）、代州（今属山西代县），从东到西，我国失地总共七百里。

而宋仁宗庆历年间，辽提出把关南十县割让给他们的无理要求，朝廷当时正为西夏的入侵而担忧，只不过每年多给辽一些钱粮来搪塞了其贪欲，至于国土，却尺寸不让。熙宁年间兵力比庆历年间要强大，只因为萧禧不达目的坚决不走，就轻而易举地放弃了军事上的冲要之地。王安石说大话像是真的一样，其实是因为他没有其他措辞来拒绝辽国的无理要求。三国时吴主孙权曾说："鲁肃劝我把荆州借给刘备时说：'帝王之起，皆有驱除，关羽不足忌。'这是鲁肃不能分辨形势，口吐大话罢了！"王安石的话与鲁肃的话没有什么两样。

卷　二

官阶服章

| 原文

唐宪宗时，因数赦，官多泛阶[①]；又帝亲郊[②]，陪祠者授三品、五品，不计考[③]；使府军吏以军功借赐朱紫，率十八；近臣谢、郎官出使，多所赐与。每朝会，朱紫满庭，而少衣绿者，品服太滥，人不以为贵[④]，帝亦恶之，诏太子少师郑余庆条奏惩革。淳熙十六年，绍熙五年，连有覃霈，转官赐服者众。绍熙元年，予自当涂徙会稽，过阙，遇起居舍人莫仲谦于漏舍，仲谦云："比赴景灵行香，见朝士百数，无一绿袍者。"又，朝议、中奉皆直转行，故五品官不胜计，颇类元和也。

|| 注释

①官多泛阶：大多数官员都升了官。

②帝亲郊：每年冬至，皇帝亲自到南郊祭天。

③不计考：不论考核政绩的优劣。

④人不以为贵：因为赏赐太滥，人们也都不以得到赏赐为贵。

||| 译文

唐宪宗时，由于多次大赦，大多数官员都升迁了官阶；每年冬至，皇帝又亲自到南郊祭天，陪同祭祀的官员不管考核政绩的优劣都授以三品、五品官；军营中的武官大概十个中有八个凭军功被赐予中高级官员所穿的朱紫之衣；皇帝身边的官员调外任向皇帝辞别，郎官受皇帝的派遣出使地方，大多都会受到皇帝的恩赐。每到大臣朝见皇帝的日子，朝廷上的官员都是身着朱紫之衣，很少有穿绿官服的，由于官员服饰赏赐太滥，人们也都不以得之为贵，皇帝也觉得这样太不成体统，就下诏让太子少师郑余庆逐条列出改革意见上奏。南宋淳熙十六年，绍熙五年，广施皇恩，很多人因此升官被赐以朱紫官服。南宋绍熙元年，我以当涂（今安徽南陵东南）调职到会稽（今浙江绍兴），经过京城皇宫时，在漏舍中遇上起居舍人莫仲谦，仲谦告诉我："不久前，我去景灵烧香，见到数百位官员，竟没有一位穿绿袍。"再加上朝议、中奉等散官也身着朱紫，所以五品官有多少都数不过来，很像唐宪宗元和年间那样。

庆善桥

| 原文

饶州学非范文正公所建，予既书之矣。城内庆善桥之说，亦然。比因郡人修桥[1]，拆去旧石，见其上镌云："康定庚辰"。案范公以景祐乙亥为待制，丙子知开封府，黜知饶州[2]，后徙润、越，至庚辰岁乃复职，帅长安，既去此久矣。

|| 注释

①比因郡人修桥：不久前，由于本地人维修这座桥。

②黜知饶州：被贬谪到饶州做知州。

||| 译文

饶州（今江西鄱阳）学校并不是北宋范仲淹先生所建，我已经做了记载了。城内的庆善桥也一样不是他修建的。不久前，由于本地人维修这座桥，拆去一块旧石块，只见上面镌刻着几个字："康定庚辰"。范公在北宋仁宗景祐二年担任待制职务，第二年担任开封府知府，接着被贬谪到饶州做知州，后来又调职到润、越地任职，到康定元年就恢复了原来的职务，在长安（今陕西西安）任职，已经离开此地很长时间了。

唐曹因墓铭

Ⅰ原文

庆元三年，信州上饶尉陈庄发土得唐碑，乃妇人为夫所作。其文云："君姓曹，名因，字鄙夫，世为鄱阳人。祖、父皆仕于唐高祖之朝，惟公三举不第[①]，居家以礼义自守。及卒于长安之道，朝廷公卿、乡邻耆旧[②]，无不太息。惟予独不然。谓其母曰：'家有南亩，足以养其亲；室有遗文，足以训其子。肖形天地间，范围阴阳内，死生聚散，特世态耳，何忧喜之有哉！'予姓周氏，公之妻室也。归公八载[③]，恩义有夺[④]，故赠之铭曰：'其生也天，其死也天，苟达此理，哀复何言！'"予案唐世上饶本隶饶州，其后分为信，故曹君为鄱阳人。妇人能文达理如此，惜其不传，故书之，以裨[⑤]图志之缺。

Ⅱ注释

①三举不第：三次参加科举考试都没能获得功名。

②耆旧：耆老世交。

③归公八载：嫁给丈夫八年。

④恩义有夺：夫妻十分恩爱。

⑤裨：补救。

Ⅲ译文

南宋宁宗庆元三年，信州上饶（今江西上饶）尉陈庄挖出一块唐朝的墓碑，这是一位妇女为其去世的丈夫所作的墓志铭。碑文写道："我丈夫姓曹，名叫因，字鄙夫，世世代代都是鄱阳（今江西鄱阳北）人。祖父和父亲都在唐高祖之朝做官，只有我丈夫三次参加科举考试都没获取功名，后来就居于家中，以礼义约束自己和全家。到我丈夫死在通往长安（今陕西西安）路上的时候，朝廷公卿、乡邻乡亲、耆老世交，都感到很难过惋惜，只有我不以为然。我对婆母说：‘家有良田，足以养活双亲；家有夫君留下的文章，足以教育子女成人。人生在天之间，在阴、阳间转换，死生聚散，这就是世间的特征，有什么可忧可喜的呢？’我姓周，是夫君的结发妻子。嫁给我丈夫八年，我们非常恩爱，今天他去世了，我就作一铭文赠送他：‘人活着是天意，死了也是天意，假若明白这个道理，为什么还要说些悲伤的话呢？’”唐朝时，上饶本来隶属于饶州，后来才从饶州分出隶属信州，所以说曹因世代都是鄱阳人。一位妇道人家，竟能写这样通情达理的文章！可惜她的事迹没有通过史书流传下来，所以我把这件事记录下来，以补史志之缺憾。

卷　三

人生五计

| 原文

朱新仲舍人常云："人生天地间，寿夭不齐[①]，姑以七十为率：十岁为童儿，父母膝下，视寒暖燥湿之节，调乳哺衣食之宜，以须成立，其名曰生计；二十为丈夫，骨强志健[②]，问津名利之场，秣马厉兵，以取我胜，如骥子伏枥，意在千里[③]，其名曰身计；三十至四十，日夜注思，择利而行，位欲高，财欲厚，门欲大，子息欲盛，其名曰家计；五十之年，心怠力疲，俯仰世间，智术用尽，西山之日[④]渐逼，过隙之驹不留，当随缘任运[⑤]，息念休心，善刀而藏[⑥]，如蚕作茧，其名曰老计；六十以往，甲子一周，夕阳衔山，倏尔就木，内观一心，要使丝毫无慊[⑦]，其名曰死计。"朱公每以语人[⑧]，以身计则喜，以家计则大喜，以老计则不答，以死计则大笑，且曰："子之计拙也。"朱既不胜笑者之众，则亦自疑其计之拙，曰："岂皆恶老而讳死邪？"因为南华长老作《大死庵记》，遂识其语。予之年龄逾七望八，当以书诸绅云。

|| 注释

①寿夭不齐：寿命长短不一。

②骨强志健：筋骨强健，志向高远。

③如骥子伏枥，意在千里：就像是千里驹虽然屈伏槽枥，却想着有朝一日能驰骋千里。

④西山之日：死亡的日子，讳称。

⑤随缘任运：听从命运的安排。

⑥善刀而藏：修缮并藏起在名利场上厮杀的工具。

⑦慊：不满，怨恨。

⑧朱公每以语人：朱新仲先生每次把他的人生五计讲给人听。

||| 译文

朱新仲经常说："人生活在天地之间，寿命的长短不一样，姑且以七十岁为准：十岁左右还是儿童，跟随在父母身旁，天气的寒暖燥湿父母都得为他操心，衣食住行都由父母安排，只待长大成人，这叫生计；二十岁时已是成人，筋骨强健，志向高远，开始问津名利场、秣马厉兵，以争取自己获胜，就像是千里驹虽然屈伏槽枥，却想着有朝一日驰骋千里，这叫身计；三十到四十岁之间，日夜苦思，选择有利于自己的事情去做，欲求高官厚禄、财源茂盛、门第高大、子孙兴盛，这叫家计；五十岁时，心力已经疲惫，俯仰人世间，自己的聪明才智已经施展殆尽，生命已接近尾声，就像白驹过隙一样，过去的岁月已经一去不复返，这时应当听从命运的安排，收起名利之心，善藏在名利场上拼杀的工具，像蚕作茧一样建一个舒适的安乐窝，这叫老计；六十岁以后，人生已过了一个甲子，生命就像夕阳衔山一样很快要朽木入土了，这时应静心修养，使生活安宁，死而无憾，这叫死计。"朱新仲先生每次把他的人生五计讲给人听时，听者的情绪都在不断地变化。讲到身计，听者喜笑颜开；讲到家计，听者欣喜若狂；讲到老计，听者沉默不语；讲到死计，听者则哈哈大笑，并对朱新仲说："你的五计太笨拙了。"笑话他的人多了，朱新仲自己也对五计产生了怀疑，自言自语地说："难道人们都讳老忌死吗？"我在为庄子作《大死庵记》时，才真正认识到他讲的人生五计的深刻内涵。我已是七八十岁的人了，觉得他说的人生五计很有道理，所以应把这五计记在腰带间，铭刻在心中。

萧颖士风节

| 原文

萧颖士为唐名人，后之学者但称其才华而已，至以笞楚[①]童奴为之过。

予反复考之，盖有风节识量[②]之士也。为集贤校理，宰相李林甫欲见之，颖士不诣，林甫怒其不下己。后召诣史馆，又不屈，愈见疾[③]，至免官更调河南参军。安禄山宠恣，颖士阴语柳并曰："胡人负宠而骄，乱不久矣。东京其先陷乎！"即托疾去。禄山反，往见河南采访使郭纳，言御守计，纳不用。叹曰："肉食者以儿戏御剧贼，难矣哉！"闻封常清陈兵东京，往观之，不宿而还[④]，身走山南，节度使源洧欲退保江陵，颖士说曰："襄阳乃天下喉襟[⑤]，一日不守，则大事去矣。公何遽轻土地，取天下笑乎？"洧乃按甲不出[⑥]。洧卒，往客金陵，永王璘召之，不见。刘展反，围雍丘，副大使李承式遣兵往救，大宴宾客，陈女乐。颖士曰："天子暴露[⑦]，岂臣下尽欢时邪！夫投兵不测，乃使观听华丽，谁致其死哉？"弗纳。颖士之言论操持如此，今所称之者浅矣。李太白，天下士也，特以堕永王乱中，为终身累[⑧]，颖士，永王召而不见，则过之焉。

|| 注释

①笞楚：鞭笞。

②有风节识量：高风亮节，有胆识，有肚量。

③愈见疾：越发遭到李林甫的嫉恨。

④不宿而还：连夜返回。

⑤喉襟：咽喉要冲，兵家重地。

⑥按甲不出：按兵不动。

⑦天子暴露：天子逃离京师，风餐露宿。

⑧为终身累：一辈子都受牵连。

||| 译文

萧颖士是唐朝的名人，后代学者只称赞其才华出众而已，把他鞭笞童奴作为他的过错。我反复考察有关资料后发现，他还是一位高风亮节有胆识、有抱负的人。在他担任集贤殿校理时，当时的权相李林甫想召见他，他却辞而不去，李林甫对他不屈从于自己很恼火。后来，李林甫又让他到史馆任职，他仍然不屈服，为此他更遭李林甫所忌恨，以致被免除史官职务外调到河南府（今河南洛阳）任参军。当时，安禄山自恃玄宗的宠信，恣意妄为，萧颖士私下对柳并说："胡人（指安禄山）依仗着皇上的庞信而骄横跋扈，他反叛朝廷的时间不会太久了。东都洛阳到时会最先陷落的！"不久，他便托病很快离开了洛阳。安禄山反叛以后，萧颖士去见河南采访使郭纳，向他进献防守抵御叛军的策略，可郭纳不予采用。萧颖士感叹道："那些身居高位要职的人抵御来势凶猛的叛贼如同玩儿戏，想抵挡住也太难了！"他听说大将封常清陈兵东都洛阳，就去观察了一番，结果很失望，连夜返回，南逃到山南东道（今湖北襄樊）避乱。当地节度使源洧想放弃襄阳，退保江陵（今湖北江陵），萧颖士规劝道："襄阳是天下的咽喉要冲，兵家必争之地，一日不坚守，则大势即去。你何必匆忙轻易放弃这个战略要地，让天下人取笑你呢？"源洧听从了他的建议，就按兵不出。源洧死后，萧颖士又去金陵（今江苏南京），并客居于此。肃宗的弟弟永王李璘慕名要召见他，他坚辞不去。后来，刘展反叛，兵围雍丘，副大使李承式派兵救援，出兵前大宴宾客，歌女环列。萧颖士见此劝李承式说："天子逃离京师，风餐露宿，这难道是臣下尽情欢乐的时候吗？现在要到吉凶难测的战场战斗，临行前却让他们看听如此华丽的歌舞音乐，谁还愿去拼死疆场呢？"李承式拒不接受其建议。萧颖士的言论如此精辟，操持胆识如此卓异，今天对他的议论也太浅薄了。李白是闻名天下的大诗人，只因身陷永王李璘的叛军之中，而终身受到连累。萧颖士对永王李磷的召见辞而不见，可见他的胆识远远超过李白。

开元宫嫔

原文

自汉以来，帝王妃妾之多，唯汉灵帝、吴归命侯、晋武帝、宋苍梧王、齐东昏、陈后主。晋武至于万人。唐世明皇为盛，白乐天《长恨歌》云"后宫佳丽三千人”，杜子美《剑器行》云“先帝侍女八千人”，盖言其多也。《新唐史》所叙，谓开元、天宝中，宫嫔大率至四万。嘻，其甚矣！隋大业[①]离宫遍天下，所在皆置宫女。故裴寂为晋阳宫监，以私侍高祖。及高祖义师经过处，悉罢之[②]。其多可想。

|| 注释

①隋大业：隋炀帝大业年间。

②悉罢之：把离宫中的女人悉数释放回家。

||| 译文

自汉朝以来，拥有众多妃妾的帝王，只有东汉灵帝刘宏、三国吴归命侯孙皓、西晋武帝司马炎、南朝宋苍梧王刘昱、南朝齐东昏侯萧宝卷、南朝陈后主陈叔宝几人。晋武帝司马炎的后宫中，嫔妃近万人。唐朝以唐玄宗的嫔妃最多，白居易在《长恨歌》中写道“后宫佳丽三千人”，杜甫在《剑器行》中也写道“先帝侍女八千人”，是说唐玄宗嫔妃之多。据《新唐书》记载，唐玄宗开元、天宝年间，后宫中嫔妃大概有四万人之多。嘻，这也太过分了！隋炀帝大业年间，离宫遍布天下，每座离宫中都有数量不等的宫女。故此，裴寂才能以晋阳宫监的身份，私下里归奉唐高祖李渊。唐高祖起义军经过以后，所到之处，把离宫中的宫女都释放回家。其宫女之多可想而知。

卷 四

东坡文章不可学

| 原文

东坡作《盖公堂记》云："始吾居乡，有病寒而欬者，问诸医，医以为蛊[①]，不治且杀人。取其百金而治之，饮以蛊药，攻伐其肾肠，烧灼其体肤，禁切其饮食之美者[②]。期月而百疾作，内热恶寒而欬不已，累然真蛊者也[③]。又求于医，医以为热[④]，授之以寒药，旦朝吐之，莫夜[⑤]下之，于是始不能食。惧而反之[⑥]，则钟乳、乌喙，杂然并进，而漂疽、痈疥、眩瞀[⑦]之状，无所不至。三易医而病愈甚。里老父教之曰：'是医之罪，药之过也。子何疾之有？人之生也，以气为主，食为辅。今子终日药不释口[⑧]，臭味乱于外[⑨]，而百毒战于内[⑩]，劳其主，隔其辅[⑪]，是以病也。子退而休之，谢医却药，而进所嗜，气全而食美矣。则夫药之良者，可以一饮而效。'从之，期月而病良已。昔之为国者亦然。吾观夫秦自孝公以来，至于始皇，立法更制，以镌磨锻炼其民，可谓极矣。萧何、曹参亲见其斫丧之祸，而收其民于百战之余，知其厌苦、憔悴、无聊，而不可与有为也，是以一切与之休息[⑫]，而天下安。"

是时，熙宁中，公在密州，为此说者，以讽王安石新法也。其议论病之三易，与秦、汉之所以兴亡治乱，不过三百言而尽之。

|| 注释

①医以为蛊：医生认为我肚子里有蛔虫。

②禁切其饮食之美者：禁食一切美味佳肴。

③累然真蛊者也：疲惫不堪好像腹中真有虫子一样。

④医以为热：医生认为是内热。

⑤莫夜：即“暮夜”，晚上。

⑥惧而反之：医生恐惧，则反其道而行之。

⑦眩瞀：眩晕。

⑧药不释口：药不离口。

⑨臭味乱于外：外在的味觉被破坏。

⑩百毒战于内：各种病毒在体内发作。

⑪隔其辅：食物被阻隔。

⑫与之休息：与民休息，让百姓休养生息。

译文

苏东坡作《盖公堂记》文章说：“以前我在乡下居住的时候，着了凉而咳嗽，询问医生，医生认为我肚子里有虫，不治疗就会死人。于是我拿出百金来治疗，喝了打虫药，攻伐肾肠，烧灼体肤，禁食一切美味佳肴。一个月以后各种疾病都发作了，忽冷忽热而咳嗽不已，疲惫不堪像真有虫子一样。又请了一个医生，医生认为是内热，给开了清热药，喝下之后一直吐了一天多，于是饭也吃不下去了。医生害怕了，反过来给开了钟乳、乌喙等，喝下之后，疖子、疮疥、眩晕等症状，一齐都来了。三次换药而病得越来越厉害。乡里的老人对我说：‘这是医生的责任和吃药的过错。你有什么病？人生在世，以气为主，吃的为辅。现在您一直药不离口，外面的味觉破坏之后，各种病毒发作于体内，气受劳顿，食物被阻，所以真的就病了。您回头休息一下，不找医生，停止服药，喜欢吃什么就吃什么，气全饭也就香了，那时一剂药立即见效。’我听从他的话，一个月后病真的全好了。过去治理天下也是这个理儿。我看秦自孝公以来，至于始皇，颁布法令，更改制度，百般地折磨百姓，可以说已经达到了顶点。萧何、曹参目睹了秦暴政的祸害，他们在百战之后统治天下，知道人民的疾苦和困顿，知道不能再继续使人民劳作了，于是一切与民休息，从而安定了天下。”

当时是宋神宗熙宁年间，东坡先生在密州（今山东诸城一带），他写这篇文章的目的在于讽刺王安石的新法。他议论三次换药及秦、汉兴亡的原因，不过短短的三百字就把理说透了。

晋代遗文

原文

故簏[①]中得旧书一帙[②]，题为《晋代名臣文集》，凡十四家，所载多不能全，真太山一毫芒[③]耳。有张敏者，太原人，仕历平南参军、太子舍人、济北长史。其一篇曰《头责子羽文》，极为尖新[④]。古来文士皆无此作，恐《艺文类聚》《文苑英华》或有之，惜其泯没不传，谩采之以遗博雅君子。其序云：“太原温长仁、颍川荀景伯、范阳张茂先、士卿刘先生、南阳邹润甫、河南郑思渊。余友有秦生者，虽有姊夫之尊，少而狎[⑤]之，同时昵好。张、荀之徒，数年之中，继踵登朝[⑥]，而此贤身处陋巷，屡沽而无善价[⑦]，抗志自若，终不衰堕。为之慨然！又怪诸贤既已在位，曾无伐木嘤鸣之声，又违王、贡弹冠之义，故因秦生容貌之盛，为头责之文以戏之。并以嘲六子焉。虽似谐谑，实有兴也。”

文曰：“维泰始元年，头责子羽曰：‘吾托为子头，万有余日矣。大块禀[⑧]我以精，造我以形。我为子莳发肤，置鼻耳，安眉頞，插牙齿。眸子桥光，双权隆起[⑨]。每至出入人间，遨游市里，行者辟易[⑩]，坐者竦跽[⑪]。或称君侯，或言将军，捧手倾侧，伫立踦。如此者，故我形之足伟也。子冠冕弗戴，金银弗佩，艾以当笄，帽以代带，百味弗尝，食粟茹莱[⑫]，岁暮年过，曾不自悔。子厌我形容，我贱子意态。若此者，必子行已累也。子遇我如仇，我视子如仇。居常不乐，两者俱忧。何其鄙哉！子欲为仁贤耶？则当如咎陶、后稷、巫咸、伊陟，保乂王家，永见封殖[⑬]。子欲为名高耶？则当如许由、子臧、卞随、务光，洗耳逃禄[⑭]

，千载流芳。子欲为游说耶？则当如陈轸、蒯通、陆生、邓公，转祸为福，含辞从容。子欲为进趋耶？则当如贾生[15]之求试，终军之请使，砥砺锋颖[16]，以干王事。子欲为恬淡耶？则当如老聃之守一，庄周之自逸，漠然离俗，志凌云日。子欲为隐遁耶？则当如荣期之带索，渔父之瀺灂，栖迟神岳，垂饵巨鳌。此一介之人，所以显身成名者也。今子上不晞道德，中不效儒、墨，块然穷贱，守此愚惑。察子之情[17]，观子之志[18]，退不为处士[19]，进无望三事。而徒玩日劳形[20]，习为常人之所喜，不亦过乎？'子羽愀然深念[21]而对曰：'凡所教敕，瑾闻命矣。受性拘系，不闻礼义，误以天幸，为子所寄。今子欲使吾为忠耶？当如包胥、屈平[22]；欲使吾为信耶？则当杀身以成名；欲使吾为节耶？则当赴水火以全贞[23]。此四者，人之所忌，故吾不敢造意[24]。'头曰：'子所谓天刑地网，刚德之尤[25]。不登山抱木，则褰裳赴流[26]。吾欲告尔以养性，诲尔以优游。而与虮虱同情[27]，不听我谋。悲哉！俱御人体，而独为子头。且儗人其伦，喻子侪偶，曾不如太原温颙、颍川荀禹、范阳张华、士乡刘许、南阳邹湛、河南郑诩。此数子者，或謇吃无宫商[28]或尪陋希言语[29]；或淹伊[30]多姿态，或讙哗少智谞[31]；或口如含胶饴[32]，或头如巾齑杵[33]。而犹以文采可观，意思详序[34]，攀龙附凤，并登天府。夫舐痔得车，沉渊窃珠，岂若夫子，徒令唇舌腐烂，手足沾濡哉？居有事之世，而耻为权谋，譬犹凿地抱瓮，难以求富。嗟乎子羽！何异牢槛之熊，深阱之虎，石间饿蟹，灶中之鼠！事虽多，而见工甚少[35]，宜其卷局煎蹙[36]，至老无所晞也。支离其形者，犹能不困。命也夫，与子同处！'"

其文九百余言，颇有东方朔《客难》、刘孝标《绝交论》之体。《集仙传》所载神女《成公智琼传》，见于《太平广记》，盖敏之作也。邹湛姓名，因羊叔子[37]而传，而字曰润甫，则见于此。

|| 注释

①簏：竹箱。

②一帙：一卷。

③毫芒：微小的杂草。

④尖新：尖锐新颖。

⑤狎：关系亲厚而不尊重。

⑥继踵登朝：相继入朝为官。

⑦善价：好价钱。

⑧禀：赋予。

⑨双权隆起：颧骨突起。权，通“颧”。

⑩辟易：退避。

⑪竦跽：庄重地跪下。

⑫食粟茹莱：吃糠咽菜。

⑬永见封殖：永远被分封。

⑭洗耳逃禄：事见于许由。许由是尧舜时代的贤人，品德高尚，才智过人，很受部族崇敬。部落联盟领袖唐尧想将天下传给许由，许由坚辞不受，到岐山隐居。唐尧得知后，又派人来请他出任九州长官。许由认为这话是污染了自己的耳朵，于是到河中洗耳。逃禄，隐居不仕。

⑮贾生：贾谊。

⑯砥砺锋颖：磨砺锋芒，使之脱颖而出。

⑰察子之情：考察你的实际情况。

⑱观子之志：观察你的志向。

⑲处士：隐士。

⑳玩日劳形：虚度时日。

㉑愀然深念：严肃认真地思考。愀然，神色严肃。

㉒包胥、屈平：申包胥和屈原，二人都是不世的忠臣。

㉓全贞：保全贞节的名声。

㉔造意：提倡某种方法，此处代指起念头、动心思。

㉕尤：罪过。

㉖褰裳赴流：撩起衣服投水自杀。

㉗同情：同样的想法。

㉘或蹇吃无宫商：有的口吃五音不全。

㉙或尫陋希言语：形貌猥琐，寡言少语。

㉚淹伊：又作“伊优”，阿谀逢迎的样子。

㉛或讙哗少智谞：有的喜爱哗众取宠而缺少智谋。

㉜或口如含胶饴：有的像口里含着胶饴糖一样张不开口。

㉝头如巾虀杵：即头上包着头巾，像捣齑的杵。

㉞意思详序：文意明晰。

㉟而见工甚少：而收效甚微。

㊱卷局煎蹙（cù）：卷曲煎熬。

㊲羊叔子：即羊祜，三国两晋时名臣，有卓越的军事才能。

译文

最近从旧竹箱子里得一卷旧书，书名为《晋代名臣文集》，一共有十四家，所收文章都不全，就像泰山上的一棵小草一样。其中有一位是张敏，太原人，历官平南参军、太子舍人、济北长史。他的文章收入一篇《头责子羽文》，很是尖锐新颖。从来文人没有这种作品，恐怕《艺文类聚》《文苑英华》已经收入，我还是有点担心它泯没不传于后世，所以便抄在这里以传给后世的博雅君子。这篇文章的小序说：“太原温长仁、颍川荀景伯、范阳张茂先、士卿刘文生、南阳邹润甫、河南郑思渊。我的朋友秦生，虽然是我的姐夫，但我们从小就玩得很好。张华、荀禹等人，几年之间相继做上了朝官，而你身处陋巷一直卖不出个好价钱，自己却悠然自得，我行我素。我为你感慨万千！张、荀诸贤在位之后，毫无顾念朋友之心，又违王、贡弹冠谦让之义，我对此感到生气，故因秦生的仪表堂堂，写出这篇文章来和他开个玩笑。同时嘲讽上述六位。虽然诙谐，实乃有感而发。”

文章说：“泰始元年（公元265年），头指责子羽说：‘我托生为您的头已经一万多天了。天地赋予我精神和形体，我为您生长毛发，放置鼻子耳朵，安排眉毛额头，插上牙齿。目光炯炯，颧骨隆起。每当穿插于人丛当中，游荡于闹市之间，正在行走的人立即让路，坐着的人庄重地跪下。有的称君侯，有的喊将军，一个个庄严肃穆。这都是因为我形状伟岸的缘故。您没有冠冕可戴，没有金银可佩，用艾棍簪子，用布条为带，各种美味尝不到，一年到头吃糠咽菜也不后悔。您讨厌我的容貌，我还瞧不起您的意态呢！这样一定给您的行为带来不便。您我像仇敌一样，双方都不快活，有什么意思呢？你想做一个仁人贤者吗？那就应当像咎陶、后稷、巫咸、伊陟那样，保护王家平安，您也永远得到分封。您想做名士吗？那就应当像许由、子臧、卞随、务光那样，逃避尘世，流芳千古。您想做游士吗？那就应当像陈轸、蒯通、陆贾、邓公那样，转祸为福、从容谈吐。您想有所进取吗？那就应当像贾谊求试和终军请求出使那样，磨尖锋芒，脱颖而出。您想恬淡利禄吗？那就应当像老聃一样恪守一意和庄周那样飘然自逸，漠然人生，壮志凌云。您想遁世吗？那就应当像荣期和渔父那样，栖居山岳，垂钓大壑。这一群人都是些显身成名者。现在您上不注意道德，中不效法儒、墨，孤零零地处于穷贱境地，恪守着您的愚惑。考察您的情形和志向，您退不能为隐士，进不能取三公。每天白白地虚度年华，安于俗人的喜怒哀乐，这样您觉得合适吗？’子羽痛心思考后回答：‘您的教诲我都听到了。由于天性的限制，我不懂什么礼义，幸亏上天把您安置到了我的身上。现在您想让我做忠臣吗？那么下场就像申包胥和屈原；您想让我守信吗？那我就应该杀身以成名；您想让我有气节吗？那我就必须投入水火之中以求得贞节之名。这种种名号，人人忌惮，所以我也不敢想。’头说：‘您说的是天刑地网、刚德有罪。不是登山抱木而死，就是撩起衣服投水自杀。我想告诉您的则是如何养性，从容地生活，您与虮虱一样不听我的话，太可悲了！都是长在人体上，为什么单单托生为您的头？而且人与人相比，拿您与太原温颙、颍川荀禹、范阳张华、士乡刘许、南阳邹湛、河南郑翔相比，您还不如他们？这几位，有的口吃五音不全，有的猥琐寡言少语；有的迟钝而故作姿态，有的喜欢哗众取宠而缺少智谋；有的像口里含着胶饴一样张不开口，有的头就像木棒一样。然而却以文采可观、思想明晰，最终能够攀龙附凤，登上朝官的宝座。有的靠舔人痔疮而得到彩车，有的到深渊之中偷到宝珠，您倒好，让唇舌白白腐烂，手足沾湿。在一个多事之秋里生活，却耻于为人出谋划策，就像挖地和抱瓮汲水，这是难以致富的。哎呀子羽！您和牢圈中的熊、陷阱中的虎、乱石中的饿蟹以及炉灶中的鼠有什么区别呢？事干了不少，收效却甚微，您煎熬一生，前途暗淡，真应该呀！支离形体，尚能不困，与您同处一体，这都是命啊！’”

这篇文章九百多字，和东方朔的《客难》、刘孝标的《绝交论》颇为相似。《集仙传》所载神女《成公智琼传》，见于《太平广记》，也是张敏的作品。邹湛姓名，靠羊祜得以传世，而其字润甫，则在这里见到。

卷 五

万事不可过

| 原文

天下万事不可过[1]，岂特此也？虽造化阴阳亦然。雨泽所以膏润[2]四海，然过则为霖淫[3]；阳舒[4]所以发育万物，然过则为燠亢[5]。赏以劝[6]善，过则为僭[7]；刑以惩恶，过则为滥。仁之过，则为兼爱无父；义之过，则为为我无君。执礼之过，反邻于谄；尚信之过，至于证父。是皆偏而不举之弊，所谓过犹不及者。扬子《法言》云："周公以来，未有汉公[8]之懿也，勤劳则过于阿衡。"盖谄王莽也。后之议者，谓阿衡之事不可过也，过则反，乃诮[9]莽耳。其旨意固然。

|| 注释

①过：超过，逾越。

②膏润：润泽。

③霖淫：暴雨。

④舒：舒展开来，上升。

⑤燠亢：燠热，酷热。

⑥劝：劝勉，鼓励。

⑦僭：僭越。

⑧汉公：安汉公王莽。

⑨诮：讥诮。

||| 译文

天下的各种事情都不可过分，难道只有人事是这样吗？即使阴阳造化也是这样。下雨是为了滋润四海，然而过分后就是暴雨；阳气上升是用来培育万物的，然而过分就是酷热。奖赏是对善德的鼓励，过分就是僭越；惩罚是为了杜绝恶行，过分就是枉滥。过于仁慈，就会像墨家那样兼爱不顾自己的父亲；行义过分，就会像道家那样自私不要君主。过于拘礼，就像是在向邻居献媚；太讲信守，最终会证明自己父亲的过失。这些都是偏执的行为，就像平常所说的，过分和达不到效果是一样的。扬雄的《法言》说："从周公以来，还没有人的德行像安汉公（王莽）这样美好，而其勤劳则超过了阿衡伊尹。"这是向王莽献媚的。后人议论说，阿衡的功德是没法超过的，超过就走向了反面，这是讥讽王莽的。思想本来就是这样。

大言误国

| 原文

隗嚣谋畔汉，马援劝止之甚力，而其将王元曰："今天水全富[①]，士马最强[②]，案秦旧迹[③]，表里河山。元请以一丸泥为大王东封函谷关。"嚣反遂决，至于父子不得其死。元竟降汉。

隋文帝伐陈，大军临江，都官尚书孔范言于后主曰："长江天堑，古以为限隔[④]南北，今日虏军岂能尽度邪？臣每患官卑，虏若渡江，臣定作太尉公矣[⑤]。"或妄言北军马死，范曰："此是我马，何为而死？"帝笑以为然[⑥]，故不为深备。已而国亡，身窜远裔[⑦]。

唐元宗有克复中原之志，及下南闽，意以谓诸国可指麾而定，而事力穷薄[⑧]，且无良将。魏岑因侍宴言[⑨]："臣少游元城，好其风物，陛下平中原，臣独乞任魏州。"元宗许之。岑趋墀下拜谢，人皆以为佞。

孟蜀通奏使王昭远，居常[⑩]好大言，有杂耕渭上之志，闻王师入讨，对宾客援手言："此送死来尔！乘此逐北，遂定中原，不烦再举也。"不两月蜀亡，昭远为俘。

此四臣之佞，本为爵禄及一时容悦而已，亦可悲哉！

|| 注释

①全富：非常富裕。

②士马最强：兵强马壮。

③案秦旧迹：学习秦国的做法。案，按照。

④限隔：隔断，阻隔。

⑤臣定作太尉公矣：我一定能登上太尉的宝座，意谓在抗隋战争中立下大功。

⑥然：正确。

⑦身窜远裔：逃亡远方。

⑧事力穷薄：实力弱小。

⑨因侍宴言：在宴会上说。

⑩居常：平常。

||| 译文

隗嚣准备叛汉，马援极力阻止，而其部将王元说："现在天水十分富裕，兵强马壮，我们应该像秦人那样，表里山河。请允许我用一个泥丸替大王您封上函谷关。"于是隗嚣反叛的决心下定，最后父子被杀，王元也投降了刘秀。

隋文帝准备伐陈，大军临江，都官尚书孔范对陈后主说："长江天险，自古以来就阻隔着南北方的交通，现在敌军难道能够飞渡吗？我常常为我的官位太低感到不安，敌军如果胆敢渡江，我一定能够立功之后登上太尉的宝座。"有人胡说隋军的战马死了不少，孔范说："这是我们的军马，为什么会死呢？"陈后主笑着表示赞同，并不做认真的准备。不久陈国灭亡，孔范也逃窜远方。

唐元宗有夺取中原的雄心壮志，灭了南闽之后，认为各国可以指麾而定，然而实力弱小，并且没有一员良将。魏岑在宴会上对元宗说："我从小就游过元城，喜欢这里的风俗和物产，陛下您平定了中原，我单单请求委任我做魏州的地方官。"元宗答应了，魏岑快步到台阶下拜谢，世人认为这是故意在用花言巧语骗人。

后蜀的通奏使王昭远，平常就好说大话，志向是杂耕于渭水之上。听到宋军来攻，对宾客搓着手说："这是来送死的！趁此机会我们北伐，平定中原，不用麻烦再次用兵了。"这话说过不到两个月，蜀就灭亡了，王昭远本人也被宋军俘虏。

这四位的花言巧语，本来是为了爵禄以及博得一时的宠爱，也太可怜了！

卷 六

鄱阳七谈

Ⅰ原文

鄱阳素无图经地志[①]，元祐六年，余干进士都颉，始作《七谈》一篇，叙土风人物，云："张仁有篇，徐濯有说，顾雍有论，王德琏有记，而未有形于诗赋之流者，因作《七谈》。"其起事则命以"建端先生"，其止语则以"毕意子"。其一章，言澹浦、彭蠡山川之险胜，番君之灵杰。其二章，言滨湖蒲鱼之利，膏腴七万顷，柔桑蚕茧之盛。其三章，言林麓木植之饶，水草蔬果之衍，鱼鳖禽畜之富。其四章，言铜冶铸钱，陶埴为器。其五章，言宫寺游观，王遥仙坛，吴氏润泉，叔伦戴堤。其六章，言鄱江之水。其七章，言尧山之民，有陶唐之遗风。凡三千余字，自谓八日而成，比之太冲十稔、平子十年为无慊[②]。予偶于故簏中得之，惜其不传于世，故表著于此。其所引张、徐、王、顾所著，今不复存，更为可恨也！

Ⅱ注释

①图经地志：泛指地理方面的著作。图经，附有图画、地图的书籍或地理志。地志，记载国或区域的地形、气候、居民、政治、物产、交通等的变迁的书。

②无慊：不逊色。

Ⅲ译文

鄱阳地区一直没有地理方面的著作，哲宗元祐六年（公元1091年），余干进士都颉才作了一篇《七谈》，叙述这一地区的风土民情，他写道：“张仁、徐濯、顾雍、王德琏等人曾经写过文章，却从来没有人用诗赋的形式对这一地区的风情加以记述，所以我写下这篇《七谈》。”它的记事起于“建端先生”，止于“毕意子”。第一章讲了澹浦、彭蠡的险要山川、番君的英明。第二章讲述湖滨地区发达的渔业、农业和蚕桑业的盛况。第三章讲述林业、蔬菜和副业生产的情况。第四章记述冶炼、陶埴等手工业生产。第五章记述寺院情况：王遥仙坛、吴氏润泉、叔伦戴堤。第六章讲鄱江之水。第七章讲当地纯朴的民风。一共三千余字，都颉自己说八天写成，比之太冲十稔、平子十年一点也不逊色。偶然中我从旧籍子里翻到了它，为它没有流传于世而感到惋惜，所以写在这里以示表彰。他所引张、徐、王、顾的著作，现在都已失传，更为可惜了！

汉武帝喜杀人者

原文

汉武帝天资刚严，闻臣下有杀人者，不唯[①]不加之罪，更喜而褒称之。李广以故将军屏居[②]蓝田，夜出至亭，为霸陵醉尉所辱。居无何[③]，拜右北平太守，请尉与俱，至军而斩之，上书自陈谢罪。上报曰：“将军者，国之爪牙也。怒形则千里竦[④]，威振则万物伏[⑤]。夫报忿除害，朕之所图于将军也。若乃免冠徒跣[⑥]，稽颡请罪[⑦]，岂朕之指哉！”胡建守军正丞（谓未得真官，兼守之也）。时监军御史穿北军垒垣以为贾区[⑧]，建欲诛之。当选士马日[⑨]，御史与护军诸校列坐堂皇上，建趋至拜谒，因令走卒曳御史下，斩之。遂上奏曰：“案军法：‘正亡属将军，将军有罪以闻，二千石以下行法焉。’丞于用法疑，臣谨以斩。”谓丞属军正，斩御史于法有疑也。制曰：“三王或誓于军中，欲民先成其虑也；或誓于军门之外，欲民先意以待事也；或将交刃[⑩]而誓，致民志也。建又何疑焉。”建是显名。观此二诏，岂不开妄杀之路乎？

注释

①不唯：不但。

②屏居：息官隐居。

③居无何：过了不久。

④竦：惊竦、害怕。

⑤伏：震伏。

⑥免冠徒跣：脱下帽子，赤着脚。

⑦稽颡（sǎng）请罪：磕头谢罪。颡，额头，脑门。

⑧贳区：商业集市区。

⑨当选士马日：在挑选士兵的那一天。

⑩交刃：战争。

译文

汉武帝天性刚戾，听到臣下有人杀人，不但不加以治罪，反而加以赞扬。李广以故将军的身份退居蓝田，夜出至亭，被醉了酒的霸陵尉羞辱一顿。停了不久，李广被拜为右北平太守，请把霸陵尉调出随他一起走，到了右北平就把他斩首，接着上书谢罪。武帝批示道："将军为国家的爪牙，发怒则千里惊恐，奋威则万物倒伏。报仇除害，正是我对将军你的期望。如果你摘帽赤脚，叩头谢罪，这哪里是我的意思？"胡建代理军正丞（谓未得真官，兼守之也）。监军御史推倒北军的一堵院墙作为军市，胡建准备斩了他。在挑选战士的那一天，御史和护军诸校尉站在武帝的两边，胡建跨前拜谒过皇上后，命令随从把御史拖下来斩掉。于是上奏武帝说："按照军法，军正不受将军统属，将军有罪要及时报告，二千石以下的官吏可以就地处置。我对军法有点疑问，但我还是把监军御史斩了。"这是说军丞统属于军正，斩御史不知是否合法？武帝答复说："三王之中，有的在军中起誓，这是想让人民不要有疑虑；有的在军门之外誓师，这是让人民先有个思想准备；有的则在战前誓师，这是为了鼓励斗志。你有什么疑虑的呢？"胡建由此出了名。看了这两道诏书之后，怎能不开妄杀之戒呢？

卷 七

盛衰不可常

原文

东坡谓废兴成毁不可得而知[①]。予每读书史，追悼古昔，未尝不掩卷而叹。伶子于叙《赵飞燕传》，极道其姊弟[②]一时之盛，而终之以荒田野草之悲，言盛之不可留，衰之不可推[③]，正此意也。国初时，工部尚书杨玢长安旧居，多为邻里侵占，子弟欲以状诉其事，玢批纸尾，有"试上含元基上望，秋风秋草正离离[④]"之句。方去唐未百年，而故宫殿已如此，殆于宗周《黍离》之咏矣。慈恩寺塔有荆叔所题一绝句，字极小而端劲[⑤]，最为感人。其词曰："汉国河山在，秦陵草树深。暮云千里色，无处不伤心。"旨意高远，不知为何人，必唐世诗流所作也。李峤[⑥]《汾阴行》云："富贵荣华能几时，山川满目泪沾衣。不见只今汾水上，唯有年年秋雁飞。"明皇闻之，至于泣下。杜甫《观画马图》云："忆昔巡幸新丰宫，翠华拂天来向东。腾骧磊落三万匹，皆与此图筋骨同。君不见金粟堆前松柏里，龙媒去尽鸟呼风。"《公孙大娘弟子舞剑器行》云："先帝侍女八千人，公孙剑器初第一。五十年间似反掌，风尘澒洞昏王室。梨园弟子散如烟，女乐余姿映寒日。"元微之《连昌宫词》云："两宫定后六七年，却寻家舍行宫前。庄园烧尽有枯井，行宫门闼[⑦]树宛然。"又云："舞榭欹倾[⑧]基尚存，文窗窈窕纱犹绿。""上皇偏爱临砌花，依然御榻临阶斜。""寝殿相连端正楼，太真梳洗楼上头。晨光未出帘影黑，至今反挂珊瑚钩。指似傍人因恸哭，却出宫门泪相续。"凡此诸篇，不可胜纪。《飞燕别传》以为伶玄所作，又有玄自叙及桓谭跋[⑨]语。予切[⑩]有疑焉，不唯其书太媟，至云扬雄独知之，雄贪名矫激，谢不与交；为河东都尉，捽辱决曹班躅，躅从兄子彪续司马《史记》，绌子于无所叙录，皆恐不然。而自云："成、哀之世，为淮南相。"案，是时淮南国绝久矣，可照其妄也。因序次诸诗，聊载于此。

‖注释

①不可得而知：不能预先得知。

②其姊弟：赵飞燕姐妹。

③推：改变。

④离离：盛多貌，此处指草木茂盛的样子。

⑤端劲：端正遒劲。

⑥李峤：唐朝诗人，对唐朝律诗和歌行的发展有一定影响。和杜审言、崔融、苏味道并称"文章四友"。其诗绝大部分为五言近体，风格近似苏味道而文采更甚之。

⑦门闼：宫门。

⑧欹倾：歪倒，歪斜。

⑨跋：文章或书籍正文后面的短文，说明写作经过、资料来源等与成书有关的情况。

⑩切：谦辞，代指自己。

‖译文

苏东坡说兴衰成败不可能预先得知。每当我阅读史书、追思往古的人事，没有一次不是合上书卷便长长感叹。汉代伶玄写《赵飞燕传》，极力渲染飞燕姐妹一时间的荣宠，却以荒田野草的悲凉作为结尾，所谓贵盛不能永留，衰落是不可改变的结局，正是这个意思。宋朝初年，工部尚书杨玢在长安的旧居有不少被邻居们侵占去了，杨家的后代想递状告这件事，杨玢在状纸下面批了几句话，有一句说："试上含元基上望，秋风秋草正离离。"唐朝灭亡还不到一百年，而故宫旧殿就变成这般模样，几乎和宗周《黍离》的歌咏差不多了。慈恩寺的塔壁上有荆叔题写的一首绝句，字很小但很端正遒劲，写得非常感人。这首诗写道："汉国河山在，秦陵草树深。暮云千里色，无处不伤心。"寓意深沉高远，不知作者荆叔是什么人，但肯定是唐朝诗人的笔墨。李峤《汾阴行》说：“富贵荣华能几时，山川满目泪沾衣。不见只今汾水上，唯有年年秋雁飞。”唐玄宗读了之后，竟然为之伤心落泪。杜甫《观画马图》诗说：“忆昔巡幸新丰富，翠华拂衣来向东。腾骧磊落三万匹，皆与此图筋骨同。君不见金粟堆前松柏里，龙媒去尽鸟呼风。”《公孙大娘弟子舞剑器行》说：“先帝侍女八千人，公孙剑器初第一。五十年间似反掌，风尘澒洞昏王室。梨园弟子散如烟，女乐余姿映寒日。”元微的《连昌宫词》说：“两宫定后六七年，却寻家舍行宫前。庄园烧尽有枯井，行宫门闼树宛然。”又说：“舞榭攲倾基尚存，文窗窈窕纱犹绿。”“上皇偏爱临砌花，依然御榻临阶斜。”“寝殿相连端正楼，太真梳洗楼上头。晨光未出帘影黑，至今反挂珊瑚钩。指似傍人因恸哭，却出宫门泪相续。”总之这样的诗篇，多得无法计数。《飞燕别传》世传伶玄所写，其书还载有伶玄的自叙和桓谭的跋语，我对此颇有怀疑，不单单是因为这本书描写猥亵，至于说扬雄了解他，说扬雄由于顾惜名声，掩盖真情，所以不与伶玄交往；还有人说伶玄曾任河东都尉，殴打过决狱官班躅，班躅叔伯兄长的儿子班彪续写司马迁《史记》时，以伶玄没有像样的著述为由把他排除于史书之外，这些说法恐怕都不可信。伶玄的自叙又说：“汉成帝、哀帝时任淮南王相。”按，成帝、哀帝时淮南封国早就亡了，足可证明这种说法的荒谬。因而只摘录上述这些诗篇，附记在此。

卷 八

唐臣乞赠祖

| 原文

唐世赠[1]典唯一品乃及祖，余官只赠父耳。而长庆中流泽[2]颇异，白乐天制集有户部尚书杨於陵，回赠其祖为吏部郎中，祖母崔氏为郡夫人。马总准制赠亡父，亦请回其祖及祖母。散骑常侍张惟素亦然。非常制也。是时，崔植为相，亦有《陈情表》云："亡父婴甫，是臣本生；亡伯祐甫，臣今承后。嗣袭虽移，孝心则在。自去年以来，累有庆泽，凡在朝列，再蒙追荣，或有陈乞，皆许回授。臣猥[3]当宠擢，而显扬之命，独未及于先人。今请以在身官秩，并前后合叙勋封，特乞回充追赠。"则知其时一切之制如此。伯兄文惠执政，乞以己合转官回赠高祖，既已得旨，而为后省封还。固近无此比[4]，且失于考引唐时故事也。

|| 注释

①赠：赠官。古代朝廷对功臣的先人或本人死后追封爵位官职。

②流泽：流布恩德。

③猥：不才。表示自谦。

④近无此比：近代无追赠的先例。

||| 译文

唐朝赠官的法令规定：唯有一品官才可以追赠他的祖父辈，其他官品的官员只能追赠到父辈。然而穆宗长庆年间的皇恩更加浩荡，白居易的制词中有关于户部尚书杨於陵的一首，追赠他的祖父为吏部郎中，祖母崔氏为郡夫人。马总获准追赠已故的父亲，于是也请求天子追赠他的祖父及祖母。散骑常侍张惟素也是这样。似乎并非通行的制度。当时，崔植任宰相，也有作《陈情表》说：“已故的父亲婴甫，是下臣的生父；已故的伯父祐甫，是下臣的继养之父。下臣虽过继给了伯父祐甫，但孝敬生父的心始终没忘。自去年以来，朝廷对大臣们多有恩泽，但凡在朝的大夫，均有得到陛下追赠先人的荣宠，或有所陈述者，均准许追赠授官。下臣不才，有幸得到陛下提拔重用，只是荣显的恩泽尚未施及先人。现在下臣请求用已有官位和前后应当叙的勋阶和封爵，追赠先人。”看来当时的法定制度就是这样。我的叔伯兄长洪适任宰相的时候，也曾请求以自身应当迁转的官爵追赠高祖，得到恩准，却被中书省封还。这种追赠近代确实没有前例，而且没有详细地考察唐朝的旧制度。

卷 九

欧公送慧勤诗

| 原文

国朝承平之时，四方之人，以趋京邑为喜。盖士大夫则用功名进取系心，商贾则贪舟车南北之利①，后生嬉戏则以纷华盛丽而悦。夷考其实，非南方比也。读欧阳公《送僧慧勤归余杭》之诗可知矣。曰："越俗僭宫室，倾赀②事雕墙。佛屋尤其侈，耽耽拟侯王。文彩③莹丹漆，四壁金焜煌。上悬百宝盖，宴坐以方床。胡为弃不居，栖身客京坊？辛勤营一室，有类燕巢梁。南方精饮食，菌笋比羔羊。饭以玉粒粳，调之甘露浆。一馔费千金，百品罗成行。晨兴未饭僧，日昃④不敢尝。乃兹随北客，枯粟充饥肠。东南地秀绝，山水澄清光。余杭几万家，日夕焚清香。烟霏四面起，云雾杂芬芳。岂如车马尘，鬓发染成霜。三者孰苦乐？子奚勤四方！"观此诗中所谓吴越宫室、饮食、山水三者之胜，昔日固如是矣。公又有《山中之乐》三章送之归。勤后识东坡，为作诗集序者。

|| 注释

①舟车南北之利：做买卖的利润。

②赀（zī）：钱，财物。

③文彩：文采。

④昃（zè）：太阳西斜。

译文

本朝太平时期，四面八方的人们都将游览京城当成喜欢的事。所以士大夫们心里想的大都是去京城求取功名利禄，商人们心里想的大都是贪图贸易上的利益，后生们游玩也因繁华热闹而喜悦。考察事实，并非只有南宋才这样。读欧阳修《送僧慧勤归余杭》这首诗就能知道了。这首诗中说："越俗僭宫室，倾赀事雕墙。佛屋尤其侈，耽耽拟侯王。文彩莹丹漆，四壁金焜煌。上悬百宝盖，宴坐以方床。胡为弃不居，栖身客京坊？辛勤营一室，有类燕巢梁。南方精饮食，菌笋比羔羊。饭以玉粒粳，调之甘露浆。一馔费千金，百品罗成行。晨兴未饭僧，日昃不敢尝。乃兹随北客，枯粟充饥肠。东南地秀绝，山水澄清光。余杭几万家，日夕焚清香。烟霏四面起，云雾杂芬芳。岂如车马尘，鬓发染成霜。三者孰苦乐？子奚勤四方！"由此可以看出，这首诗中所说的吴越的宫室、饮食和山水三方面非常出色，北宋时期就已然如此了。欧阳修还有《山中之乐》三章送慧勤返回余杭。慧勤后来结识了苏轼，他就是为苏轼的诗集作序的那个和尚。

东不可名园

原文

今人亭馆园池，多即其方隅[①]以命名。如东园、东亭、西池、南馆、北榭之类，固为简雅，然有当避就处。欧阳公作《真州东园记》，最显。案[②]《汉书·百官表》："将作少府，掌治宫室。属官有东园主章。"注云："章谓大材也。主章掌大材，以供东园大匠。"绍兴三十年，予为省试参详官，主司委出词科题，同院或欲以"东园主章"为箴[③]，予曰："君但知《汉表》耳！《霍光传》：'光之丧，赐东园温明。'服虔[④]曰：'东园处此器，以镜置其中，以悬尸上。'师古曰：'东园，署名也，属少府。其署主作此器。'《董贤传》：'东园秘器以赐贤。'注引《汉旧议》：东园秘器作棺。若是岂佳处乎？”同院惊谢而退。然则以东名园，是为不可。予有两园，适居东西，故扁西为西园，而以东为东圃，盖避此也。

‖注释

①方隅：方位。

②案：根据，考察。

③箴：考题。

④服虔：东汉经学家。字子慎，初名重，又名祇，后更名虔。

|||译文

现在人们的亭台楼馆、园林水池，有很多都是按照它们的方位命名的。比如东园、东亭、西池、南馆、北榭这一类的，这样的名称固然简洁典雅，然而还是有应当避而不用的字。欧阳修写的《真州东园记》就是很明显的一个例子。根据《汉书·百官公卿表》上说：“将作少府掌管修建宫室，他的属官主要是东园主章。”注释说：“章是指硕大的木材。主章管理搜寻好的大木，来供给东园的木匠使用。”绍兴三十年，我担任省考的参详官，主管提出词科的考试题目，同僚中有人想要以“东园主章”为题，我说：“先生只知道《汉书·百官公卿表》啊！《霍光传》上说：‘霍光死后，朝廷赐给东园所制的葬器。’服虔解释说：‘东园所做的这种葬器，将一面镜子置于其中，这面镜子正好悬挂于尸体的上面。’颜师古注释说：‘东园，官署的名称，隶属于少府寺。这个官署主要负责制造此类葬器。’《董贤传》上说：‘将东园所制作的秘器赐予董贤。’注释转引《汉旧议》的说法：东园秘器，即棺材。若是如此，东园还是什么好地方吗？”同僚听完大吃一惊，连忙道歉离开了。如此看来，称东园，是不可以的。我有两个园子，恰好位于东西两边，所以就把西面的园子叫作西园，而把东面的园子叫作东圃，这样就可以避开这个忌讳了。

卷 十

绝句诗不贯穿

| 原文

“夜凉吹笛千山月，路暗迷人百种花。棋罢不知人换世，酒阑无奈客思家。”此欧阳公绝妙之语。然以四句各一事，似不相贯穿，故名之曰《梦中作》。永嘉士人薛韶喜论诗，尝立一说云：“老杜近体律诗，精深妥帖，虽多至百韵，亦首尾相应，如常山之蛇[①]，无间断龃龉[②]处。而绝句乃或不然，五言如‘迟日江山丽，春风花草香。泥融飞燕子，沙暖睡鸳鸯’‘急雨梢溪足，斜晖转树腰。隔巢黄鸟并，翻藻白鱼跳’‘江动月移石，溪虚云傍花。鸟栖知故道，帆过宿谁家’‘凿井交棕叶，开渠断竹根。扁舟轻袅缆，小径曲通村’‘日出篱东水，云生舍北泥。竹高鸣翡翠，沙僻舞鹍鸡’‘钓艇收缗[③]尽，昏鸦接翅稀。月生初学扇，云细不成衣’‘舍下笋穿壁，庭中藤刺檐。地晴丝冉冉，江白草纤纤’。七言如‘糁径杨花铺白毡，点溪荷叶叠青钱。笋根雉子无人见，沙上凫雏傍母眠’‘两个黄鹂鸣翠柳，一行白鹭上青天。窗含西岭千秋雪，门泊东吴万里船’之类是也。”予因其说，以唐人万绝句考之，但有司空图[④]《杂题》云:“驿步堤萦阁，军城鼓振桥。鸥和湖雁下，雪隔岭梅飘。”“舴艋猿偷上，蜻蜓燕竞飞。樵香烧桂子，苔湿挂莎衣。”

|| 注释

①常山之蛇：传说中一种能够首尾相救的蛇。

②龃龉：参差不齐，不平整。

③缗（mín）：钓鱼用的绳子。

④司空图：晚唐诗人、诗论家。字表圣，自号知非子，又号耐辱居士。

||| 译文

“夜凉吹笛千山月，路暗迷人百种花。棋罢不知人换世，酒阑无奈客思家。”这是欧阳修所作的一首绝妙之诗。这首诗有四句，每一句都说了一件事，似乎并没有一条主线将其贯穿起来，所以才将这首诗称作《梦中作》。永嘉（今浙江温州）士子薛韶喜欢评论诗歌，曾经创立了一种说法：“杜甫的近体律诗，意义深远，用词妥帖，虽然多达一百韵，也能首尾呼应，如同常山的巨蛇，中间没有间断阻塞的地方。而绝句有时就并非如此了，五言绝句中，像‘迟日江山丽，春风花草香。泥融飞燕子，沙暖睡鸳鸯’‘急雨梢溪足，斜晖转树腰。隔巢黄鸟并，翻藻白鱼跳’‘江动月移石，溪虚云傍花。鸟栖知故道，帆过宿谁家’‘凿井交棕叶，开渠断竹根。扁舟轻袅缆，小径曲通村’‘日出篱东水，云生舍北泥。竹高鸣翡翠，沙僻舞鹍鸡’‘钓艇收缗尽，昏鸦接翅稀。月生初学扇，云细不成衣’‘舍下笋穿壁，庭中藤刺檐。地晴丝冉冉，江白草纤纤’。七言绝句像‘糁径杨花铺白毡，点溪荷叶叠青钱。笋根雉子无人见，沙上凫雏傍母眠’‘两个黄鹂鸣翠柳，一行白鹭上青天。窗含西岭千秋雪，门泊东吴万里船’这类的诗都不相贯穿。”我根据他的说法，对一万首唐人的绝句进行了考证，唯有司空图的《杂题》：“驿步堤萦阁，军城鼓振桥。鸥和湖雁下，雪隔岭梅飘。”“舴艋猿偷上，蜻蜓燕竞飞。樵香烧桂子，苔湿挂莎衣。”两首是首尾相贯穿的。

谓端为匹

| 原文

今人谓缣帛[①]一匹为壹端，或总言[②]端匹。按《左传》“币锦二两”注云：“二丈为一端，二端为一两，所谓匹也。二两，二匹也。”然则以端为匹非矣。《湘山野录》载夏英公镇襄阳，遇大礼赦恩，赐致仕官束帛，以绢十匹与胡旦，旦笑曰：“奉还五匹，请检《韩诗外传》及诸儒韩康伯等所解‘束帛戋戋’之义，自可见证。”英公检[3]之，果见三代束帛、束脩[4]之制。若束帛则卷其帛为二端，五匹遂见十端，正合此说也。然《周易正义》及王弼注、《韩诗外传》皆无其语。文莹多妄诞[5]，不足取信。案，《春秋公羊传》“乘马束帛”注云：“束帛谓玄三纁二，玄三法天，纁二法地。”若文莹以此为证，犹之可也。

注释

①缣帛：丝帛。

②总言：合称。

③检：仔细检查。

④束脩：古代学生与教师初次见面时，必先奉赠礼物，表示敬意。

⑤妄诞：任意，荒诞。

译文

现今人们将一匹丝帛称为一端，或者合称为一端匹。根据《左传》“币锦二两”这句话的注释说：“两丈称为一端，两端称为一两，即通常所说的匹。二两，指的是两匹。”由此看来，将一端称为一匹是不对的。《湘山野录》记载英公夏竦镇守襄阳，恰逢朝廷大礼加恩，赐予致仕官吏束帛，将十匹丝绢赐给了胡旦，胡旦笑着说：“我退还五匹，请查证一下《韩诗外传》这本书以及儒者韩康伯等人对‘束帛戋戋’这句话的解释，就能清楚了。”夏竦查找了这些资料，果然清楚了三代时束帛、束脩的制度。例如束帛，是说丝帛卷起就有两端，五匹就有十端，正好与上面所说的相符合。然而今传的《周易正义》及王弼的注解、《韩诗外传》都没有见到此类记载。文莹讲话很荒诞，不能相信。按照《春秋公羊传》“乘马束帛”的注释说：“束帛是说黑三黄二，黑三象征天，黄二象征地。”如果文莹以此来证明束帛为五匹，还是能够说服的。